喬木
書房

喬木書房

杜風──著

為什麼我們總是不願意面對現實

就算人生可以重來，也不可能沒有遺憾。

知名心理學家，威廉．詹姆斯說：

「心甘情願的接受吧！接受現實是克服任何不幸的第一步。因為，我們要的是：日子的知足，生活的幸福。」

悲觀的人低著頭，總有撞破頭的一天；樂觀的人抬著頭，總有腳踩空的一天；只有面對現實的人，才能繼續前進，並且隨時能夠改變。

目錄

CONTENTS

第四章 選擇理性，勇於放棄……171

CONTENTS

前　言

做人，認清現實是最重要的。自視清高的人隨處可見，這些人往往認為自己是天才，能夠發大財，懷抱著理想要有所作為，但嚴酷的現實卻難以讓人如願。對現實的清醒認識是對虛妄想像的折磨。做事要理智一些，這樣，在結果到來的時候才會心平氣和。志當存高遠，但不能高不可及，做事的時候，期望值不要太高。缺乏經驗的決斷往往是錯的，明智是療治各種愚行的最好方法。認清你的活動範圍和自身所具備的條件，並設法使自己的設想符合事實，才有走向成功的可能。

那麼，我們該如何面對現實呢？

——做人，要拋棄不切實際的幻想。想一夜致富，迅速成功，那只不過是幻想而已；成功是需要一步一步的累積，而不是從幻想中取得的。

——做人，要學會適應。適應社會、適應環境、適應他人，這是做事業、謀生存的基礎。

——做人，要知足常樂。懂得知足，才能懂得如何享用你所擁有的。

——做人，要懂得放棄。學會了放棄，才擁有一份成熟；人的一生，需要放棄很多的東西。

——做人，要善於改變。生活的大河無時無刻不在滾滾向前，所以，善於改變，才是我們尋求生存和發展的必經道路。

第一章

拋棄幻想，面對現實

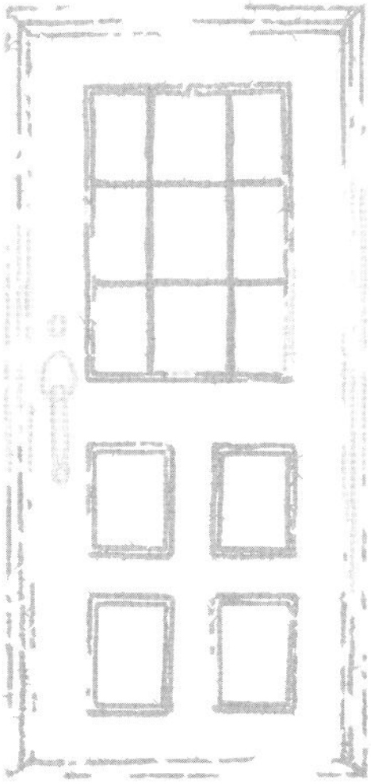

做人要學會面對現實，拋棄那些不切實際的想法。愛默生曾告誡我們：當一個人年輕時，誰沒有幻想過？幻想是青春的標誌。但是，請記住，人總歸是要長大的。天地如此廣闊，世界如此美好，等待我們的不僅僅是需要一對幻想的翅膀，更需要一雙踏踏實實的腳！

1 沒有人能夠做到盡善盡美

美國現代大畫家路西歐．方達，早年畫油畫時受到很大的挫折。那時，認識他的人都說他不是那塊料，要他轉行。為此他的心情非常沮喪，總覺得看不到成功的希望，但他卻很想畫出一幅人見人愛的畫。經過幾個月的辛苦努力，他畫好了他的作品，便拿到市場上去展出。他在畫旁放了一支筆，並附上一則說明：親愛的參觀朋友，如果你認為這幅畫哪裡有欠佳之筆，請你賜教，在畫中標上記號。晚上，路西歐．方達取回了畫，發現整個畫面都塗滿了記號，對這次的嘗試深感失望。

後來，路西歐．方達決定換一種方法再去試試。於是他又畫了一幅同樣的畫拿到市場上展出。這一次，他要求每位觀賞者將其最為欣賞的妙筆之處標上記號。結果是，曾經被認為是欠佳之筆，如今都換上了讚美的標記。

路西歐．方達大為吃驚，迷惑不解，他把兩張畫拿給他的老師看。老師看完後，笑著說：「哦！真是一件可笑的事情，對吧？」然後繼續說：「你難道沒有發現其中的一個奧秘，那就是我們不管做什麼，只要使一部分人滿意就足夠了。**因為，在有些人看來是醜的東西，在另一些人眼裡恰恰是美好的。**」這位老師的一席話揭示了一個做人的深刻道理：做人要現實一點，沒有人能做到盡善盡美。不能容忍美好的事物存在缺陷，是不能面對現實的人的一種普遍心態。對許多人來說，追求盡善盡美是理所當然的，但他們從未想過，正是這種生活的態度，給他們的生活帶來了如何的壓力。

如果進一步分析，有些渴望完美的人是出於一種自我保護的需要。假如一個人缺乏自信，生活上屢遭挫折，那麼他就缺乏一定的安全感，這種缺失需要通過其他途徑來補償。我們就可以發現，生活中每做一件事就想把它做得完美的人，並不是一個強者。因為這些追求完美、希望毫無瑕疵結局的人，禁忌很多，他們只會把自己保護起來，免受他人的指責和譏諷，不敢也不願去面對殘酷的現實，結果大多數是一事無成。

很多時候，我們的煩惱不是來自於對「美」的追求，而是來自於對「完美」的追求。由於刻意追求完美，我們不能容忍缺陷的存在，結果，經常由於一點小小的缺陷，就可能遮蔽住我們審美的眼睛，使我們的目光滯留在缺陷上，忽視了其他，因此讓我們錯過了許多美好的東西。

有一位老和尚想從兩個徒弟中選一個當衣缽傳人。一天，老和尚對徒弟說，你們出去給我撿一片最完美的樹葉。兩個徒弟遵命而去，時間不久，大徒弟回來了，遞給師父一片並不漂亮的樹葉，對師父說，這片樹葉雖然並不完美，但它是我看到的最完整的樹葉。二徒弟在外面轉了半天，最終卻空手而歸，他對師父說，我見到了很多很多的樹葉，但怎麼也挑不出一片最完美的……最後，老和尚把衣缽傳給了大徒弟。

「撿一片最完美的樹葉」，這種人的初衷總是美好的，但是如果不切合實際地一味找下去，最終往往只會吃盡苦頭，直到某一天你才會明白：為了尋求一片最完美的樹葉，而失去許多機會是多麼的不值。況且人生中最完美又有多少呢？世間的許多悲劇，正是因為一些人熱衷於追求虛無飄渺的最完美，而忽視了平淡的生活，其實平淡中往往也蘊含著許多偉大與神奇，關鍵是你以什麼樣的態度去面對。

心理學研究證明，試圖達到完美境界的人與他們可能獲得成功的機率成反比。追求完美給人帶來莫大的焦慮、沮喪和壓抑。事情剛開始，他們便擔心著失敗，生怕做得不夠漂亮而輾轉不安，這就阻礙了他們全力以赴去取得成功。而一旦失敗，他們往往心灰意冷，想儘快從失敗的境遇中逃避。他們沒有從失敗中獲取任何教訓，而只是想方設法讓自己避免尷尬的局面。

據專家們統計分析，完美主義者在日常生活中通常有以下五種表現：

一、神經非常緊張，以至於連一般的工作都不能勝任。

二、不願意冒險，生怕任何微小的瑕疵會損害了自己的形象。

三、對自己諸多苛求，毫無生活樂趣。

四、總是發現有些事未臻完美，於是精神總是得不到放鬆，無法休息。

五、對他人同樣吹毛求疵，人際關係無法協調，得不到別人的合作與幫助。

很顯然，背負著如此沉重的精神包袱，不用說在事業上很難謀求成功，而且在自尊心、家庭問題、人際關係等方面，也不可能取得滿意的效果。他們抱著一種不正確和不合邏輯的態度對待生活和工作，他們永遠無法讓自己感到滿足，每天都在焦躁不安中度日。

只求完美、害怕失敗，長此以往會使人的精神處於癱瘓的境地。如何從追求盡善盡美的誘惑中擺脫出來？這裡給大家提供幾點建議：

一、有一分實力就做一分事

既不要對自己估計太高，更不必過於自卑，有一分實力就做一分事。如果凡事要求完美，這種心理本身就會成為自己做事的障礙。不要在自己的短處上去與人競爭，而是要在自己的長處上培養起自信和對工作的興趣。

二、重新認識「失敗」和「瑕疵」

一次乃至多次的失敗並不能說明一個人價值的大小。仔細想一下，如果從不經歷失敗，我們能真正認識生活嗎？我們也許會永遠一無所知，沾沾自喜於愚蠢的無知中。因為成功僅僅只能堅定自己的信念，而失敗則給了我們發現問題和解決問題的寶貴經驗。人只有經得起挫折的失意，才會達到成功的巔峰，所以沒有必要為了一件事沒做到盡善盡美而去自怨自艾。

三、為自己確定一個可行的目標

尋找一件自己完全有能力做好的事，然後去把它做好。這樣你自然會輕鬆起來，做起事來也會更有信心，同時你的創造力也會得到充分的發揮，隨之而來的工作成效不就呈現出來了嗎？人生有時真的好像一個萬花筒，在你不追求出類拔萃，而只是希望表現良好時，反而會取得出乎意料的結果。

2 就算人生可以重來，也不可能沒有遺憾

有個叫伊凡的青年，讀了契訶夫「要是已經活過來的那段人生，只是個草稿，如果可以重寫一次，該有多好」這段話，他寄了一封信給上帝，請求在他的身上做個「試點」。

上帝沈默了一會兒，看在契訶夫的名望和伊凡的執著份上，決定讓伊凡在尋找伴侶這事上試一試。

到了適婚年齡，伊凡碰上了一位絕頂漂亮的女孩，女孩也傾心於他，伊凡認為女孩很理想，很快便結成了夫妻。

不久，伊凡發覺女孩雖然漂亮，但她一說話就「結巴」，一做事就「出包」，兩人心靈無法溝通，他第一次把這段婚姻做為草稿毀了。

第二次伊凡的婚姻對象，除了絕頂漂亮以外，又加了絕頂能幹和絕頂聰明。可

是，也沒多久，他發現這個女孩脾氣很壞，個性極強。聰明成了她諷刺伊凡的本錢，能幹成了她捉弄伊凡的手段。在一起他不是她的丈夫，倒像她的牛馬、她的器具。伊凡無法忍受這種折磨，他祈求上帝，既然人生允許有草稿，請准三稿。上帝笑了笑，也允許了。

伊凡第三次結婚時，他妻子的優點，又加上了脾氣特好這一條，婚後兩人非常恩愛，都很滿意。半年下來，不料嬌妻患上重病，臥床不起，一張病態黃臉很快抹去了年輕和漂亮，能幹如水中之月，聰明也一無是用，只剩下毫無魅力可言的好脾氣。

從道德角度看，伊凡應廝守終身；但從生活角度看，無疑是相當不幸的。人生只有一次，一次無比珍貴，他試探能否再給他一次「草稿」和「重寫」。上帝面有難色，但想到既然做為試點，最後還是寬容他再做修改。

伊凡經歷了這幾次折騰，個性已成熟，交際也老練，最後終於選到了一位年輕漂亮、能幹聰明、溫順健康、要怎麼好就怎麼好的「天使」女郎。他滿意極了，正想向上帝報告成果，向契訶夫稱道睿智，想不到「天使」竟臨時變卦，她瞭解到伊凡是一個朝三暮四、貪得無厭、連病中人也不體恤的浪蕩男人，於是，她向上帝提出解除婚約的要求。

上帝為難，但為了確保伊凡的試點，未允。

「天使」向上帝說，過去有很多人被伊凡做了草稿，如果試驗是為了推廣，難道我們就不能有一次草稿和重寫的機會嗎？

上帝理虧，無法自圓其說，最後只好讓伊凡也被做為草稿，被重寫一次。

同樣的涵義也表現在這樣的故事中：

麥克和一個愚笨的人由於一個意外的原因，同時得到了命運之神的眷顧。命運之神說：我給你們每一個人巨額獎金的機會。

麥克有額外的要求：我比那個愚笨的人更多理性、智力，我應該在最後比他富有。命運之神勉強答應了。愚笨的人果然有了橫財，寶馬香車，美人紅酒，曼聯的主場包個貴賓席位，巴黎的餐館備受尊敬，如此而已。中年以後，窮極無聊，成為賭場的常客。當錢所剩不多時，壽終正寢，結束了庸俗的一生。麥克則在死的前一天中了一億美元的彩卷，命運之神滿足了他的要求。

由於是上帝的試驗，麥克第二次和一個愚笨的人得到命運之神的眷顧。於是他在原本要求的基礎之上再加上額外的要求：我要和那愚笨的人同樣在年輕時富有，而且應該在最後比他富有。命運之神要他收回請求未果，悲傷地答應了他。

兩個人同一天有了二億美元。愚笨的人毫無創造性地當即過上了物質主義的生活，麥克花了一天擬定他比愚人高妙千倍的花錢計畫。第二天，他死了。命運之神再次滿足了他的要求。

命運之神眷顧他們的第三次，麥克仔細思考了無缺憾的要求，以便使自己完全能佔愚笨之人的上風，他說：我要和他同樣在年輕時走運，終生比他有錢，而且長命百歲，這樣，才能對得起我的智慧。命運之神馬上允許了。

這次愚笨的人得到了三億美元，聰明的麥克則得到一個精神病醫生的護理。命運之神的一條準則據說是：「如果一個人處心積慮要把所有的好處都給自己，就有病了。」

正如故事中所講的那樣：**「人生不能打草稿，即使允許你十次修改也不會沒有遺憾。」**所以說，在生活中，人應該要面對現實，應該知道，毫無遺憾的生活也許是一種理想，也許是樹立在你生活道路上引導你向前挺進的動力，但卻不一定是你努力之後就能獲得的結果。這樣的道理其實簡單，但就是這樣的簡單道理，往往能夠讓你的生命變得更加精彩！

3 勇於面對無法改變的事實

在人生的旅途中，每個人都不可避免地會遇到一些令人不愉快的情況。我們不妨愉快的把它們當作一種既成事實加以接受，並且耐心地去適應它。當然，你也可以選擇焦慮來毀了自己的生活，甚至把自己搞得精神崩潰，憂鬱而終。

曾有人問一位沒有左手的殘疾人士：「少了一隻手會不會很難過？」那位殘疾人士說：「噢！不會，我根本就不會想到它。只有在要穿針線的時候，才會想起自己沒有左手。」其實我們人類，在無法改變環境的情況下，大部分都能讓自己慢慢來適應它。

布斯．塔金德生前常說：「人生加諸於我的任何事情，我都能接受，除了眼瞎，那是我永遠也沒有辦法忍受的。」但命運之神專和他作對，在他六十多歲的時候，他的視力開始急劇下降，有一天，他的左眼再也看不到光明了。同時，他的右眼看東西也極為吃力，常感覺有黑斑在眼前晃動。

他最害怕的事情終於降臨到自己的身上。面對這「所有災難裡最難忍受的事」，塔金德自己都沒有想到他還能非常開心地活下去，有時甚至還能藉此幽默一下。以前，浮動的「黑斑」由於遮擋他的視線，總令他很難過，可是後來，當那些最大的黑斑從他眼前晃過的時候，他卻會微笑著說：「嘿，又是黑斑老爺來了，不知道今天這麼好的天氣，他要到哪裡去。」塔金德完全失明之後，他曾說：「我發現我能承受視力的喪失，就像一個人能承受別的事情一樣。要是我五種感官全都喪失了，我相信我還能夠繼續生存於自己的思想中，因為我們只有在思想裡才能夠看，只有在思想裡才能夠生活，無論我們能否明白這個問題。」

塔金德為了恢復視力，在一年之內接受了十二次手術，這在常人是很難忍受的，在他必須接受手術時，他竟還試著使大家開心，他說：「多麼妙啊，現代科學發展得如此之快，能夠在人的眼睛這麼細小的部位動手術。」一般人如果要在短時期內忍受十二次以上的手術，可能早就被折磨得痛苦萬分，但塔金德卻十分樂觀。不幸教會他如何接受突發的災難，使他瞭解到，生命帶給他的一切他都能承受。由此使他領悟了約翰・彌爾頓說的：「眼瞎並不令人難過，難過的是你不能面對眼瞎。」

如果發生的變故無論我們如何做也於事無補，這時我們可以嘗試改變自己。這是不是說，在碰到任何挫折的時候，我們都應該低聲下氣呢？當然不是如此，那樣就與宿命論者無異了。如果事情還有一點挽救的機會，我們就要爭取。可是當我們知道事情不可逆轉，也不可能再有任何轉機時，我們只能讓自己接受既成的事實。

愛子是日本人，她們家世代以採珍珠為生，她有一顆珍珠是她母親在她離開日本赴美求學時給她的。在她離家前，她母親鄭重的把她叫到一旁，告訴她說：「當女工把沙子放進蚌的殼內時，蚌覺得非常的不舒服，但是又無力把沙子吐出去，所以蚌面臨兩個選擇，一是抱怨，讓自己的日子不好過，另一個是想辦法把這粒沙子同化，使它跟自己和平共處。於是蚌開始把它的營養分一部分去把沙子包起來。當沙子裹上蚌的外衣時，蚌就覺得它是自己的一部分，不再是異物了。沙子裹上的蚌成分越多，蚌越把它當作自己，就越能心平氣和的和沙子相處。」母親又對她說：「蚌並沒有大腦，它是無脊椎動物，在演化的層次上很低，但是連一個沒有大腦的低等動物都知道要想辦法去適應一個自己無法改變的環境，把一個令自己不愉快的異己，轉變為可以忍受的自己的一部分，人的智慧怎麼會連蚌都不如呢？」尼布林有一句有名的祈禱詞說：「上帝，請賜給我們胸襟和雅量，讓我們平心靜氣地去接受不可改變的事情；請賜給去改變可以改變的事情；諸賜給我們智慧，去區分什麼是可以改變的，什麼是不可以改變的。」

美國著名教育家卡耐基的事業剛起步時，在密蘇里州舉辦了一個成年人教育班，並且陸續在各大城市開設了分部。他花了很多錢在廣告宣傳上，同時房租、日常辦公等開銷也很大，儘管收入不少，但在過了一段時間之後，他發現自己錢都沒有賺到。由於財務管理上的欠缺，他的收入竟然只夠支出，一連數月的辛苦工作竟然沒有什麼回報。卡耐基很是苦惱，不斷地抱怨自己的疏忽大意。這種狀態持續了很長一段時間，他整日裡悶悶不樂，神情恍惚，無法將剛開始的事業繼續下去。後來卡耐基去找中學時的老師喬治·詹森。

老師說：「不要為打翻的牛奶哭泣。」老師的這一句話如同晴天中的一聲驚雷，卡耐基的苦惱頓時消失，精神也振作起來。

「是的，牛奶被打翻而漏光了，怎麼辦？是看著被打翻的牛奶哭泣，還是去做點別的。記住，被打翻的牛奶已成事實，不可能被重新裝回瓶中，我們唯一能做的，就是找出問題，然後忘掉這些不愉快。」這段話，卡耐基經常說給學生聽，也是在說給自己聽。

4 一切都是最好的安排

在這個世界上，為什麼有的人過得有滋有味？有的人卻活得枯燥乏味？生活也許是一支笛、一張鑼，吹之有音，敲之有聲。可是要讓構造不同的笛和鑼發出相同的曲調，這就要看你怎樣去吹去敲，怎樣去把握好生活的節奏和旋律。

有一個故事雖然簡單，但是蘊含著深刻的哲理，故事中講的是一個小男孩為了超越自己的影子，便飛快的奔跑。可是，不管他跑多遠、跑多快，影子總是在他的前頭。小男孩不但跑累了，而且心情也沮喪到了極點。後來，有人告訴他一個最簡單的方法：「只要面對太陽，影子就永遠在你身後。」

是啊，面對光明，陰影永遠在我們身後。人生在世，什麼樣的困難和挫折都可能會遇到，像失戀、破產、疾病、死亡等種種苦難，總是伴隨著生活中的人們。因此，我們常感到活得太累，肩上的擔子把我們壓得很疲憊，於是有人便停了下來，從此以後生活慢慢變得頹廢。

只有當你想到人世間不可能一帆風順，就像法拉第曾經說過：「拚命去爭取成功，但不要期望一定會成功。」在做事時，應考慮生活中有好的一面，也有壞的一面。當身陷「一波未平，一波又起」的境地時，不妨往好處想；當身處「安居樂業，風平浪靜」時，你不妨往壞處想。因為看到壞的一面，能贏得提前做好準備的時間；看到好的一面，會給你帶來黎明前的希望。

從前有一個國家，人們過著悠閒快樂的生活，因為他們有一位不喜歡做事的國王和一位不喜歡做官的宰相。國王沒有什麼不良嗜好，除了打獵以外，最喜歡與宰相微服私訪。宰相除了處理國務以外，就是陪著國王下鄉巡視，他最常掛在嘴邊的一句話就是：「一切都是最好的安排」。有一次，國王興高采烈的到大草原打獵，這次宰相沒有同行，只是隨從們帶著數十條獵犬，聲勢浩蕩。國王的身體保養得非常好，筋骨結實，而且肌膚泛光，看起來就有一國之君的氣度，隨從看見國王騎在馬上，威風凜凜地追逐一頭花豹，都不禁讚歎國王勇武過人！花豹奮力逃命，國王緊追不捨，一直追到花豹的速度減慢時，國王才從容不迫彎弓搭箭，瞄準花豹，嗖的一聲，利箭像閃電似的，一眨眼就飛過草原，不偏不移鑽入花豹的脖子，花豹慘嘶一聲，倒臥在地。國王很開心，他眼看花豹躺在地上許久都毫無動靜，一時失去戒心，居然在隨從尚未趕上時，就下馬檢視花豹。沒想到，花豹就是在等待這一瞬間，使出最後的力氣，突然跳起來向國王撲過來。國王一愣，看見花豹張開血盆大口咬來，他下意識地用手擋了一下，心想：「完了！」還好，此時隨從及時趕上，立刻發箭射入花豹的咽喉，國王覺得小指一涼，花豹就重重的跌在地上，這次花豹是真的死了。

隨從忐忑不安地上前請罪，國王看看手，小指頭被花豹咬掉半截，血流不止，隨行的御醫立刻上前包紮。雖然傷勢不算嚴重，但國王的興致全沒了。本來國王還想找人來責罵一番，可是想想這次只能怪自己冒失，怪不得別人？所以悶不吭聲，大夥兒也黯然隨著國王回宮去了。

回宮以後，國王越想越不痛快，就找了宰相來飲酒解愁。宰相知道了這件事後，一邊舉酒敬國王，一邊微笑說：「國王啊！少了半截小指頭總比少了一條命來得好吧！想開一點，一切都是最好的安排！」

國王一聽，悶了半天的心情終於找到發洩的機會。他凝視宰相說：「嘿！你真是大膽！你真的認為一切都是最好的安排嗎？」

宰相發覺國王十分憤怒，卻也毫不在意的說：「國王，真的！如果我們能夠超越自我一時的得失成敗，確確實實一切都是最好的安排。」

國王說：「如果我把你關進監牢，這也是最好的安排？」

宰相微笑說：「如果是這樣，我也深信這是最好的安排。」

國王說：「如果我吩咐侍衛把你拖出去砍了，這也是最好的安排？」

宰相依然微笑，彷彿國王在說一件與他毫不相干的事。「如果是這樣，我也深信這是最好的安排。」

國王勃然大怒，大手用力一拍，兩名侍衛立刻前來，國王說：「你們馬上把宰相推出去斬了！」侍衛愣住，一時不知如何反應。國王說：「還不快點，等什麼？」侍衛如夢初醒，上前架起宰相，就往門外走去。國王突然有點後悔，他大叫一聲說：「慢著，先抓去關起來！」宰相回頭對他一笑，說：「這也是最好的安排！」

國王手一揮，兩名侍衛就架著宰相走出去了。

過了一個月，國王養好傷，打算像以前一樣找宰相一塊微服私巡，可是想到是自己把他關入監牢裡，一時也放不下面子來釋放宰相，嘆了口氣，就自己獨自出遊了。

走著走著，來到一處偏遠的山林，忽然從山上衝下臉上塗著紅黃油彩的蠻人，三兩下就把他五花大綁，帶回高山上。國王這時才想到今天正好是滿月，這一帶有一支原始部落，每逢月圓之日就會下山尋找祭祀滿月女神的犧牲品。他哀嘆一聲，這下子真的是沒救了。其實心裡卻很想跟蠻人說：「我乃這裡的國王，放了我，我就賞賜你們金山銀海！」可是嘴巴被破布塞住，連話都說不出口。

此時，他看見自己被帶到一個比人還高的大鍋爐前，柴火正熊熊地燃燒著，頓時臉色慘白。當大祭司現身，當眾脫光國王的衣服，露出他細皮嫩肉的龍體，大祭司嘖嘖稱奇，認為找到了完美無瑕的祭品！

原來，今天要祭祀的滿月女神，正是「完美」的象徵，所以，祭祀的牲品醜一點、黑一點、矮一點都沒有關係，就是不能殘缺。就在這時，大祭司終於發現國王的左手小指頭少了半截，他忍不住咬牙切齒咒罵了半天，忍痛下令說：「把這個廢物趕走，另外再找一個！」脫困的國王大喜若狂，飛奔回宮，立刻叫人釋放宰相，在御花園設宴，為自己保住性命、也為宰相重獲自由而慶祝。

國王一邊向宰相敬酒說：「宰相，你說的真是一點也不錯，果然，一切都是最好的安排！如果不是被花豹咬一口，今天可連命都沒了。」

宰相回敬國王，微笑說：「賀喜國王對人生的體驗又更上一層樓了。」過了一會兒，國王忽然問宰相說：「我僥倖逃回一命，固然是『一切都是最好的安排』，可是你無緣無故在監牢裡蹲了一個月，這又怎麼說呢？」

宰相慢條斯理喝下一口酒，才說：「國王！您將我關在監牢裡，確實也是最好的安排啊！您想想看，如果我不是在監牢裡，那麼陪伴您微服私巡的人，不是我還會有誰呢？等到蠻人發現國王不適合拿來祭祀滿月女神時，誰會被丟進大鍋爐中烹煮呢？所以，我要為國王將我關進監牢而向您敬酒，您也救了我一命啊！」

5 拋開不切實際的幻想

從前，有個富人喜歡貴重的皮袍子和精美的食物。一天，他想炫耀自己的財富，便想做一件價值一千兩銀子的皮袍子。可是，沒有那麼貴重的毛皮，他就去和老虎商量，要剝牠們的皮，這個人的話沒有說完，老虎就逃入崇山峻嶺去了。一次，他又想辦一桌有羊肉的豐盛筵席，他又去和羊商量，要割牠們的肉。羊也一個個躲進了密林深處。就這樣，這個人謀算了很長時間，既沒有做成一件虎皮袍子，也沒有辦成一桌有羊肉的筵席。

當然，我們並不是說讓你什麼都不敢想，什麼都不敢做。問題是在你想的時候，一要實際一點；二要敢想敢做。要知道，只會幻想的人沒有真正的機會。

有一位名叫西維亞的女孩，她的父親是波士頓有名的整形外科醫生，母親在一家聲譽很高的大學擔任教授。她認為她的家庭對她有很大的幫助和支持，她完全有機會實現自己的理想。他從念中學的時候起，就一直夢寐以求地想當電視節目的主持人。她覺得自己具備這方面的才能，因為每當她和別人相處時，即使是陌生人也都願意親近她並和她聊天。她知道怎樣從人家嘴裡掏出心裡話，她的朋友們稱她是他們的「親密的隨身精神醫生」。她自己常說：「只要有人願給我一次上電視的機會，我相信一定能成功。」

但是，她為達到這個理想而做了些什麼呢？其實什麼也沒有！她在等待奇蹟出現，希望能一下子就當上電視節目的主持人。西維亞不切實際地期待著，結果什麼奇蹟也沒有出現。要知道誰也不會請一個毫無經驗的人去擔任電視節目主持人。而且節目的主管也沒有興趣跑到外面去搜尋不知底細，且無任何經驗的天才。

另一個名叫辛蒂的女孩卻實現了西維亞的理想，成了著名的電視節目主持人。辛蒂之所以會成功，就是因為她知道：「天下沒有免費的午餐」，一切成功都要靠自己的努力去爭取。她不像西維亞那樣有可靠的經濟來源，所以沒有白白地等待機會的出現。她白天去打工，晚上在大學的舞台藝術系上夜校。畢業之後，她開始謀職，跑遍了洛杉磯每一個廣播電台和電視台。但是，每個地方的主管對她的答覆都差不多：「不是要求謀職者必須已經有幾年工作經驗，就是乾脆回答說：我們不需要人。」

但是，她不願意退縮，也沒有等待機會自己出現，而是走出去尋找機會。她一連幾個月仔細閱讀廣播電視方面的雜誌，最後終於看到一則招聘廣告：北達科他州有一家很小的電視台招聘一名預報天氣的女孩子。

辛蒂是加州人，她不喜歡生活在北方。但是有沒有陽光，是不是下雨都沒有關係，辛蒂希望找到一份和電視有關的職業，她認為去哪裡作都行！她抓住這個工作機會，動身來到北達科他州。辛蒂在那裡工作了兩年，最後在洛杉磯的電視台找到了一個工作。又過了五年，她終於得到提升，成為她夢想已久的電視節目主持人。

為什麼西維亞失敗了，而辛蒂卻如願以償呢？

因為西維亞在十年當中，一直停留在幻想中，坐等機會，而辛蒂則是採取行動，最後，終於實現了理想。有人曾經問著名思想家布萊克：「您能成為一位偉大的思想家，成功的關鍵是什麼？」「多思多想！」布萊克回答。

有個人如獲至寶般的回到家中，開始整天躺在床上，望著天花板，一動也不動，按照布萊克的指點進入「多思多想」的狀態。

一個月後，那個人的妻子找到布萊克，愁眉苦臉的向他訴說：「求你去看看我的丈夫吧，他從你這裡回去以後，就像中了魔一樣，整天躺在床上癡心妄想！」

布萊克趕去一看，只見那個人已經變得骨瘦如柴。他拚命掙扎著爬起來，對布萊克說：「我最近一直都在思考，甚至到了茶飯不思的地步，你看我離偉大的思想家還有多遠？」

「你每天只想不做，那你都思考了些什麼呢？」布萊克先生緩緩地問說。那人回答說：「想的東西實在太多，我感覺腦子裡都已經裝不下了。」「哦！我大概忘了提醒你一點：只想不做的人只能產生思想垃圾。成功像一個梯子，雙手插在口袋裡的人是永遠爬不上去的。」接著，布萊克舉了這樣一個例子：有一位滿腦子都是智慧的教授和一位文盲相鄰而居。儘管兩人地位懸殊，知識、性格更是有著天壤之別，可是他們都有一個共同的目標是如何儘快發財致富。每天，教授都翹著二郎腿在那裡大談特談他的「致富經」，而文盲則在旁邊虔誠地洗耳恭聽。他非常欽佩教授的學識和智慧，並且按照教授的致富設想去付諸實際行動。幾年後，文盲成了一位貨真價實的百萬富翁。而那位教授呢？他依然是囊空如洗，還是每天在那裡空談他的致富理論。

要知道夢想終究是夢想，不邁步就想獲得成功，這種天上掉下禮物的事是不可能有的。

6 人生中的「撈魚」哲學

格萊斯是美國維斯卡亞公司的總裁。他十八歲時有一次在集市上看見一個老人擺了個撈魚的攤子，向有意撈魚者提供魚網，人們可以任意地從盆中撈魚，而撈起來的魚歸撈魚人所有。當然世界上沒有如此便宜的事情，那個魚網是用紙做的，所以很容易就破掉。

格萊斯也蹲下去撈起魚來，他一連撈破了三支魚網，一條小魚也沒撈到，心中十分懊惱。他看見老人眯著眼看自己，似乎在竊笑自己的愚蠢，便不耐煩的說：「老闆，你這網子做得太薄了，幾乎一碰到水就破了，那些魚怎麼撈得起來呢？」

老人回答說：「年輕人，你怎麼不想想？當你想要撈起魚時，你打量過你手中的魚網是否真有那能耐嗎？有追求不是件壞事，但是也要懂得瞭解你自己有沒有那個實力！」

「可是我還是覺得你的網太薄，根本就撈不起魚。」

老人沒有說話，接過他手中的魚網，一會兒就撈起了一條活蹦亂跳的小魚。

「年輕人，你還不懂得撈魚的哲學！這和人們追求事業、愛情和金錢是同一個道理。當沉迷於一個目標的時候，要衡量自己的實力！不要好高騖遠。」

拉利．華特斯是一個卡車司機，他畢生的理想是飛行。他高中畢業後便加入了空軍，希望成為一位飛行員。很不幸，他的視力不及格，因此當他退伍時，只能看著別人駕駛戰鬥機從他家後院飛過，他只能坐在草坪的椅子上，幻想著飛行的樂趣。

一天，拉利想到一個法子。他到當地的軍隊剩餘物資店，買了一桶氦氣和四十五個探測氣象用的氣球。那可不是顏色鮮豔的氣球，而是非常耐用、充滿氣體時，直徑達四英尺大的氣球。

在自家的後院，拉利用繩子把大氣球繫在草坪的椅子上，他把椅子的另一端綁在汽車的保險桿上，然後開始給氣球充氣。

接下來他又準備了三明治、飲料和一支空氣手槍，以便在希望降落時可以打破一些氣球，好讓自己能夠緩緩下降。

完成準備工作之後，拉利坐上椅子，割斷繩子。當拉利割斷繩子，他並沒有緩緩上升，而是像炮彈一樣向上發射；他也不僅是飛到兩百英尺的高空，而是一直向上爬升，直到在一千英尺的高空！在那樣的高度，他不敢貿然弄破任何一個氣球，免得失去平衡，在半空中突然往下墜落。於是他停留在空中，飄浮了大約十四小時，他完全不知道該怎麼樣回到地面。

終於，拉利飄浮到洛杉磯國際機場的上空。一架泛美航空飛機的機師看到後通知指揮中心，說他看見一個人坐在椅子上懸在半空，膝蓋上還放著一支空氣手槍。

洛杉磯國際機場的位置是在海邊，到了傍晚，海岸的風向便會改變。到那時拉利的命運就是死路一條，海軍方面知道後立刻派出一架直升機前去營救；但救難人員很難接近他，因為螺旋槳發出的風力一再把氣球吹得越來越遠。終於他們停在拉利的上方，垂下一條救生索把他慢慢的拉上去。

拉利一回到地面便遭到逮捕。當他被戴上手銬，一位電視新聞記者大聲問他：「華特斯先生，你為什麼會這樣做？」拉利停下來，瞪了那人一眼，滿不在乎的說：「人總不能無所事事。」

是的，人總不能無所事事，人生必須要有目標，必須要採取行動！但是，聰明的人知道，目標必須切合實際，行動也必須積極有效。

7 放下身價，路會越走越寬

有一位大學生，在校時成績很好，大家對他的期望也很高，認為他必定會成就一番大事業。

他是成就了一番事業，但不是在政府機關或在大公司有成就，而是賣蚵仔麵線賣出了成就。剛開始踏入社會時，他一直沒有找到工作，於是就向家人借錢，把一個賣蚵仔麵線的小店頂了下來。因為他對烹飪很有興趣，便自己當老闆賣起蚵仔麵線來。他的大學生身分曾招來很多不理解的目光，同時也為他招來不少生意。他自己反而從未對自己學非所用及高學低用產生過懷疑。

後來他賺了很多錢，他還是在賣蚵仔麵線，但也搞其他投資，錢賺得比一般人不知道多多少倍。

放下身價，路會越走越寬。如果他不去賣蚵仔麵線或許也會成就大事，但無論如何，他能放下大學生的身價，還是很令人佩服的。我們雖然不必學他非得去做類似的事情，但在必要的時候，確實也應現實一點。放下身價，就是要在特定的情況下以屈求伸。

人的「身價」是一種「自我認同」，並不是什麼不好的事，但這種「自我認同」也是一種「自我限制」，也就是說：「因為我是這種人，所以我不能去做那種事」。而自我認同越強的人，自我限制便越厲害，千金小姐不願意和傭人同桌吃飯，博士生不願意當基層業務員，高階主管不願意主動去找下屬職員瞭解自己不懂的事情……他們認為，如果這麼做，就有失他們的身分。

其實這種「身價」只會讓人的路越走越窄，在非常時刻，如果還放不下身價，就會讓自己無路可走。像博士生如果找不到工作，又不願意當業務員，那只有挨餓了；如果能放下身價，那麼路將會越走越寬。

有一位留美的電腦博士，畢業後想在美國找一份理想的工作，由於他要求太高，結果好多家公司都不錄用他，思來想去，他決定收起所有的學位證明，以一種「最低身分」，再去求職。

不久他就被一家公司聘為程式人員，這對他來說簡直是小菜一盤，但他仍幹得一絲不苟。不久，老闆發現他能看出程式中的錯誤，非一般的程式人員可比。這時他才拿出學士證，老闆給他換了個與大學畢業生對口的工作。

過了一段時間，老闆發現他時常能提出許多獨到有價值的建議，遠比一般的大學生要高明，這時，他又拿出了碩士證，老闆隨後又提升了他。

再過了一段時間，老闆覺得他還是比別人優秀，就約他詳談，此時他才拿出了博士證。由於老闆對他的水平已有了全面的認識，就毫不猶豫地重用了他。

所以說，人不怕被別人看低，而怕的恰恰是人家把你看高了。看低了，你可以尋找機會全面地展現自己的才華，讓別人一次又一次地對你刮目相看，你的形象會慢慢地提升起來；但被人看高了，剛開始讓人覺得你多麼的了不起，對你寄予了種種厚望，可是你隨後的表現讓人一次又一次地失望，結果是越來越被人看不起。

能放下身價的人能比別人早一步抓到機會，當然也就能比別人具有更多的成大事的資本。

如果我們想在社會上成就一番事業，那麼就要放下身價，讓自己回歸到普通人中。

維斯卡亞公司是二十世紀八〇年代美國最為著名的機械製造公司，其產品銷往全世界，並代表著當今重型機械製造業的最高水準。許多人大學畢業後到該公司求職大多數遭到拒絕，原因很簡單，該公司的高技術人員爆滿，不再需要各種技術人才。但是令人垂涎的待遇和足以自豪、炫耀的地位仍然向那些有志的求職者閃爍著誘人的光環。

史蒂芬是哈佛大學機械製造專業的高材生。和許多人的命運一樣，在該公司每年一次的用人測試會上被拒絕申請，其實這時的用人測試會已經徒有虛名了。史蒂芬並沒有死心，他發誓一定要進入維斯卡亞重型機械製造公司。於是，他採取了一個特殊的策略：假裝自己一無所長。

他先找到公司人事部，提出為該公司無薪提供勞動力，請求公司分派給他任何工作，他都不計任何報酬來完成。公司起初覺得這簡直不可思議，但考慮到不用任何花費，也用不著操心，於是便分派他去打掃工廠裡的廢鐵屑。

一年來，史蒂芬勤勤懇懇地重複著這種簡單勞累而無任何報酬的工作。為了餬口，下班後他還要去酒吧打工。這樣，雖然得到老闆及工人們的好感，但是仍然沒有一個人提到錄用他的問題。

二十世紀九〇年代初，公司的許多訂單紛紛被退回，理由均是產品的品質問題，為此公司將面臨巨大的損失。公司董事會為了挽救頹勢，緊急召開會議商量對策，當會議進行很久卻未見眉目時，史蒂芬闖入會議室，提出要直接見總經理。

在會議上，史蒂芬把對這一問題出現的原因做了令人信服的解釋，並且就工程技術上的問題提出了自己的看法，隨後拿出了自己對產品的改造設計圖。這個設計非常先進，恰到好處地保留了原來機械的優點，同時克服了已出現的問題。

總經理及董事會的董事們見到這個編制外的清潔工如此精明在行，便詢問他的背景以及現狀。史蒂芬當下即被聘為公司負責生產技術問題的經理。

原來，史蒂芬在做清掃工時，利用清掃時能到處走的特點，細心察看了整個公司各部門的生產情況，並一一做了詳細記錄，發現了所存在的技術性問題且想出了解決的辦法。為此，他花了近一年的時間搞設計，獲得了大量的統計資料，為最後一展雄姿奠定了基礎。

所以說，「放下身價」比放不下身價的人在競爭上多了幾個優勢：能放下身價的人，他的思考富有高度的彈性，不會有刻板的觀念，從而能吸收各種資訊，形成一個龐大而多樣的資訊庫，這將是他成大事的本錢。

8 別輕視「卑微」的工作

美國一位大富商年輕時，曾在福特汽車公司助理柯金斯處任秘書。一天晚上，公司要發通知給所有的經理，事情緊急，在場職員都來幫忙。可是，這個年輕的秘書卻認為，做這種事情有失身分，他說：「我到公司來，不是來做套信封的事的。」柯金斯聽後大怒，說：「好吧，做這件事既然對你是一種侮辱，你現在可以馬上離開公司。」

他被炒魷魚後，試了不少工作，但四處碰壁，結果還是硬著頭皮回到福特公司。這次，他虛心了許多，對柯金斯說：「我在外面經歷了不少，卻總是希望回到這裡，你還要我嗎？」

「當然要」，柯金斯說，「因為你現在已經完全變了。」

可見，如果你被上司安置在不被人關注的位置上，特別是當你羽翼未豐的時候，那是你的幸運。因為這樣的位置很少被干擾，沒有競爭，你可以像參禪者那樣，潛心修行專業，修行處世之道，當然這種修煉對你以後的做人做事會有很大的幫助。總而言之，從卑微處起步，更益於立身。

現今，在日本民眾中廣為傳頌著這樣一個動人的故事：

許多年前，一位妙齡少女來到東京帝國酒店當服務生。這是她涉世之初的第一份工作，也就是說她將在這裡正式步入社會，邁出她人生的第一步。因此她很激動，暗下決心：一定要好好做！可是她萬萬沒有想到，上司竟安排她洗廁所！洗廁所！說實話是沒人愛做，何況她從未做過粗重的活，細皮嫩肉，喜愛潔淨，做得了嗎？洗廁所時在視覺上、嗅覺上以及體力上都會使她難以承受，心理暗示的作用更使她忍受不了。當她用自己白皙細嫩的手拿著抹布伸向馬桶時，胃裡立刻「造反」，翻江倒海，噁心得幾乎要嘔吐出來，太難受了！而上司對她的工作品質要求特別高：必須把馬桶抹洗得光亮如新！

她當然明白光亮如新的含義是什麼，她當然更知道自己不適應洗廁所這一工作，真的難以實現光亮如新這一高標準的品質要求。因此，她陷入極度的困惑、苦惱之中，為此她也哭過。這時，她面臨著這人生第一步該如何走下去的抉擇：是繼續做下去，還是另謀職業？繼續做下去─太難了！另謀職業─知難而退吧？人生之路豈有退堂鼓可打？她不甘心就這樣敗下陣來，因為她想起了自己剛來時曾下過的決心：人生第一步一定要走好，馬虎不得！正在此關鍵時刻，同單位的一位前輩及時的出現在她面前，幫她擺脫了困惑、苦惱，幫她邁好了這人生第一步，更重要的是幫她認清了人生路應該如何走。而他並不是用空洞的理論去說教，只是親自給她做了個示範。

首先，他一遍遍地抹洗著馬桶，直到抹洗得光亮如新；然後，他從馬桶裡盛了一杯水，一飲而盡喝了下去！竟然毫不猶豫。實際行動勝過千言萬語，他告訴了她一個極為樸素而且非常簡單的真理：光亮如新，要點在於「新」，新則不髒，因為不會有人認為新馬桶髒，也因為馬桶中的水是不髒的，是可以喝的；反過來講，只有馬桶中的水達到可以喝的潔淨程度，才算是把馬桶抹洗得「光亮如新」了，而這一點已被證明是可以辦到的。

同時，他送給她一個含蓄的、富有深意的微笑，送給她一束關注鼓勵的目光。

這已經夠用了，因為她早已激動得幾乎不能自持，從身體到靈魂都在震顫。她目瞪口呆、熱淚盈眶、恍然大悟、如夢初醒！她痛下決心：「就算一生洗廁所，也要做一名最出色的洗廁人！」

從此，她成為一個全新的、振奮的人；從此，她的工作品質也達到了那位前輩的高水準，當然她也多次喝過馬桶裡的水，為了檢驗自己的自信心，為了證實自己的工作品質，也為了強化自己的敬業心；從此，她漂亮地邁好了人生第一步；從此，她踏上了成功之路，開始了她不斷走向成功的人生歷程。

幾十年光陰一瞬而過，如今她已是日本一家著名商社的董事長，她的名字叫家田惠子。家田惠子（來過台灣）是從一個不被關注的職位上成長起來的。在那裡，她受到了鍛鍊，也經過了考驗，正是在這個卑微的位置上，她長成了參天大樹。

下面，我們再來看看另一個人的職業軌跡。

奧利勒是堪斯亞建築工程公司的執行副總，而在幾年前，他只是作為一名送水工被堪斯亞一支建築隊招聘進來的。

奧利勒並不像其他的送水工那樣把水桶搬進來之後就一面抱怨工資太少一面躲

在牆角抽煙，他給每一個工人的水壺倒滿水並在工人休息時，纏著他們給自己講解關於建築的各項工作。很快，這個勤奮好學的人引起了建築隊長的注意。

兩週後，奧利勒當上了計時員。當上計時員的奧利勒依然勤勤懇懇地工作，他總是早上第一個來，晚上最後一個離開。由於他平常總是和有技術的工人請教，所以對所有的建築工作比如打地基、疊磚、灌泥漿等已經非常熟悉，當建築隊的負責人不在時，工人們總喜歡問他。現在他已經成了公司的副總，但他依然特別專注於建築專業的學習與累積。所不同的是他現在不僅可以從工人那裡得到幫助，同時也在一所大學的建築系上培訓班。他常常鼓勵大家學習和運用新知識，還常常擬計畫、畫草圖，向大家提出各種好的建議。只要給他時間，他可以把客戶希望他做的所有的事做好。

相信只要看了上面的故事的人，就再也沒有理由去輕視所謂「卑微」的工作，我們何不把它們當作磨礪自己的機會。

9 踏踏實實從小事做起

不少人都有這樣的願望，夢想自己有朝一日能財源滾滾來，瀟灑地當大老闆。但大多數人終其一生，卻難以夢想成真。這是什麼原因呢？是因為有些人賺錢太心急了。小錢不想賺想賺大錢，看不到小溪匯集在一起能積聚成大海。

日本明治時代有名的船舶大王河村瑞賢，年輕時好長一段日子無所事事，在家賦閒無聊。後來生活日漸拮据，他心想：「我不能這樣貧窮下去，應該幹一番事業出來。」於是他拿出少許錢給乞丐，叫他們到處去撿人家挑剩不要的蔬菜。然後賣給貧窮的勞工們。當他開始做這項生意時，不少人譏笑他，諷刺他，甚至有的朋友拒絕與他來往。而河村瑞賢根本不在乎這些。他認定這些小錢是他事業的全部基礎。

就這樣，沒過幾年，河村瑞賢靠這種「小生意」積攢了一大筆錢後，投資船舶事業，成為當時著名的船舶大王。

河村瑞賢正是用這種細緻、認真，不恥於從小事做起，不恥於賺小錢的做法，使他日後財源滾滾。如果我們抓住身邊的小錢，不讓賺錢的機會從身邊溜走，莫以利小而不為，由小錢到大錢，終有一天我們也是會擁有大錢的。

我們會經常聽到一些感慨：「我很想做成一件大事，讓父母和朋友對我刮目相看。可是我的運氣不好，一直也沒有碰上重大的事情，使我的才華得不到發揮。」這使我們想起古人的一句話：「一屋不掃，何以掃天下。」是的，任何成功的人都是從小事做起的，一件小事看似不起眼，但卻有可能決定一個人的命運。無數成功者的經歷證明：能做大事的人常常是那些不厭煩小事的人。

許多日本人都知道廣東人徐子安的「安記」粥店。徐子安原本是個船員，二十五歲的時候離開了家鄉廣東，來到日本。剛到日本的時候，他也曾經雄心勃勃，想做一番大事業。他把目光盯在日本著名的大老闆們身上，羨慕人家的機遇好，他祈禱自己也能找到幾件大事來做。可是，等待、尋覓了一段時間後，他認識到要做大事並不是那麼容易的，許多大事都是從小事開始的。於是，他決定從小事做起。

他發現日本橫濱的唐人街上住的多是華僑，就在那裡開了一家小小的粥店。賣粥能賺幾個錢？人們都笑他目光短淺，胸無大志。可是，徐子安卻幹得很起勁。他熬粥很有自己的方法。他先用豬骨頭、雞骨頭燉湯，再把湯過濾好備用。前一天晚上，他就把米洗好淘好，泡在湯中，第二天天還沒亮，大約清晨四點多他就起來開始熬粥。為了把粥熬好，需要用文火，並且長時間守在爐火邊，直到粥變成了泥糊狀才行。華僑們都特別喜歡徐子安的粥，每天早上八點鐘，徐子安的小粥店門前都排了長長的隊伍。苦心經營了三年後，徐子安積攢了一些資金，他把店面擴大了，還在三島設立了分店。

香港李嘉誠是赫赫有名的富商，但他的成功也是從做小事開始的。一九五〇年，他用自己節衣縮食省下來的錢開設了一家專門生產玩具和家庭用品的小塑膠廠。剛開始，大家也嘲笑他，說他沒出息。的確，那家小工廠根本沒有為李嘉誠賺到錢，慘澹經營了幾年，李嘉誠也就賺了吆喝聲。但是，李嘉誠對這樣的小事始終孜孜不倦，做起來極為認真。通過鍛鍊，他積累了豐富的經驗。二十世紀五〇年代後期，李嘉誠終於抓住了機遇，取得非凡的成功。

還有印尼的林紹良，他如今已被人們稱為「亞洲的洛克菲勒」，但他的發達卻是從不起眼的小生意，經營雜貨店做起的。同樣，松下電器是從一個小電器修理店發展起來的，本田企業是從一個小修理廠成長壯大的。

日本有句諺語：「嘲笑一塊錢的人，會為一塊錢哭泣。」這說的就是小事的重要性。我們中國也有類似的至理名言。如：「不積跬步，無以致千里；不積小流，無以成江河。」「千里之行，始於足下。」這些都告訴人們，要想成就大事，就不要厭煩小事，任何大事業都是由小到大逐步發展起來的，大老闆的事業也不是天生規模就大。

當然，這裡的小事並不是指那些無關緊要、細枝末節的芝麻小事，而是指那些為了達到成功必須做的具體事，它和不分輕重緩急、撿了芝麻丟了西瓜是兩回事。

在現今這個競爭的時代，想一下子功成名就非常不現實。大事業往往都是由做成一件件小事而成就的，在很多時候，往往是小事決定著我們的成敗。

10 每天做好一件事

有一位畫家，舉辦過十幾次個人展，參加過上百次畫展。無論參觀者多與否，有沒有獲獎，他的臉上總是掛著開心的微笑。

在一次朋友聚會上，有一位記者問他：「為什麼每次看到你，你都這麼開心呢？」

他微笑著反問記者：「我為什麼要不開心呢？」

爾後，他講了他兒時經歷過的一件事情：

「在我小的時候，興趣非常廣泛，也很好強。畫畫、拉手風琴、游泳、打籃球，樣樣都學，還必須都拿第一才行。

當然這是不可能的。於是，我悶悶不樂，心灰意冷，學習成績一落千丈。有一次我的期中考試成績竟排到全班的最後幾名。

父親知道後，並沒有責罵我。晚飯之後，父親找來一個小漏斗和一堆玉來種子，放在桌子上。告訴我說：今晚，我想給你做一個試驗。父親讓我雙手放在漏斗下面接著，然後撿起一粒種子投到漏斗裡面，種子便順著漏斗滑到了我的手裡。父親投了十幾次，我的手中也就有了十幾粒種子。然後，父親一次抓起滿滿一把玉米粒放到漏斗裡，玉米粒相互擠著，竟一粒也沒有掉下來。父親意味深長地對我說：這個漏斗代表你，假如你每天都能做好一件事，每天你就會有一粒種子的收穫和快樂。可是，當你想把所有的事情都擠到一起來做，反而連一粒種子也收穫不到了。

這二十多年來了，我一直銘記著父親的教誨：『每天做好一件事，坦然微笑地面對生活。』」

義大利人盧西亞諾·帕瓦羅狄，是世界著名的男高音歌唱家。他在回顧自己走過的成功之路時，他說：

當我還是個孩子時，我的父親，一個麵包師，就開始教我學習歌唱。他鼓勵我刻苦練習，培養嗓子的功底。後來，在我的家鄉義大利的蒙得納市，一位名叫阿利戈·拉的專業歌手收我做他的學生，那時，我還在一所師範學院上學。在畢業時，我問父親：「我應該怎麼辦？是當教師還是成為一個歌唱家？」

我父親這樣回答我：「怕瓦羅狄，如果你想同時坐兩把椅子，你只會掉到兩個椅子之間的地上。在生活中，你應該選定一把椅子。」

最後，我選擇了唱歌。經過七年的學習，終於第一次正式登台演出。之後我又用了七年的時間，才得以進入大都會歌劇院，現在我的看法是：不論是砌磚工人，還是作家，不管我們選擇何種職業，都應有一種奉獻精神。堅持不懈是關鍵，選定一把椅子吧。

在自然界，每一個物種都在發展和加強自己的新特徵以求適應環境，獲得生存空間。生命的演化如此，生活和事業的發展也是如此，社會對個人的知識和經驗不斷提出了更高、更廣、更深的要求。泛泛地瞭解一些知識和經驗是遠遠不夠的，樣樣都會一點點的人往往會失去許多成功的機會。許多有前途、有思想的年輕人，一開始無法果斷地選擇一個正確的方向，無法持之以恆地走下去，結果一直到老年依然還徘徊不定。一位著名的企業家說：「萬事通在我們那個年代還有機會施展，但如今已一文不值了。」企圖掌握幾十種職業技能，還不如精通其中一兩種。什麼事情都知道些皮毛，還不如在某一方面懂得更多，理解得更透徹。我們必須不斷地加強和豐富自己的專業知識，依靠訓練強化自己的專業地位，直到比自己的同行知道得更多。如果自己無法比他人做得更好，就別想超越他人，就無法形成自己的核心能力。

這種核心能力的取得需要在職業生涯中做出「正確的選擇」，需要一個長期的訓練過程。許多生活中的失敗者幾乎都在好幾個行業中艱苦地奮鬥過，如果他們的努力能固定在一個方向上，就足以使他們獲得很大的成功。

其實，許許多多離成功只有一步之遙的人，恰恰因為缺乏最後跨入成功門檻的勇氣而功敗垂成。無論從事什麼職業都應該精通它，這是成功的一種秘密武器。現在，最需要做到的就是「精通」二字。掌握自己職業領域的更多問題，使自己比他人更精通，我們就有可能比其他人有機會得到提升和發展。

一位成功的企業家在探討個人努力與成功的關係時說：「我在一段時間內只會集中精力做一件事，但我會徹底做好它。」

梭羅說：「判斷一個人的學識，就要看他主動把事情弄清楚的程度。」羅盤指針在被磁化之前所指的方向是不確定的。只有在被磁石磁化具有特殊屬性之後，才成為羅盤。同樣，一個人一開始可能確定不了自己的方向，但是他最終必須確立一個自己發展的空間，並且要非常精通，只有這樣，淵博的知識對其發展才大有裨益。

11 及時調整自己的方向

有一句阿拉伯諺語：「跛足而不迷路的人，勝過健步如飛而誤入歧途的人。」古希臘有個寓言：一頭驢聽到了蟬唱歌的聲音很好聽，便頭腦發熱，要向蟬學習發音的方法。於是蟬就說：「你首先必須學我一樣，每天以露水充饑。」那隻昏了頭的驢便照著蟬的話去做了，結果餓得倒在地上再也起不來了。

我們早已耳聞了許多像是「成功在於堅持」、「堅持就是勝利」、「成功屬於鍥而不捨的人」之類的話。誠然，這些都是實踐證明的真知灼見，但卻容易給一些思想單純、片面的人造成錯覺，他們認為僅有癡迷、堅持就夠了。事實上，這種錯覺又是十分愚蠢可笑的，正如那隻堅持以露水充饑的驢一樣，最終落了個餓死的下場。

歌德年輕時立下的志向是成為一個聞名世界的畫家。為此，他一直沉溺於那變幻無窮的色彩世界中而不能自拔，他也為此付出了長達十年的時間，卻收效甚微。在他四十歲那年，他遊歷義大利時，看到了真正的造型藝術傑作後，他終於恍然大悟過來：自己在這方面是難有成就的。他痛苦地做出了抉擇：放棄繪畫，轉攻文學。經過不斷的努力和摸索，歌德最終成為一名偉大的詩人。晚年的歌德在回顧自己的成長過程時，曾現身說法，告誡青年要面對現實。

縱觀古今，似乎大多數人早期的自我設計都有一定盲目性：馬克思曾經想當詩人，魯迅曾去日本學醫，安徒生想當演員，高斯曾想當作家，但他們比常人高明的地方在於：他們能及時面對現實的調整自己奮鬥的方向。

那麼怎樣識別盲目的自我設計呢？最有效的鑒別方法就是價值。歌德就是意識到十多年的努力毫無價值，才斷定自我設計有誤的。這需要一個過程，甚至是一個痛苦的、付出艱辛代價的探索過程。歌德感慨的說：「要發現自己是多不容易，我花了許多寶貴的光陰。」他又告誡後人說：「這需要很大的神智清醒，人只有經歷歡喜和苦痛，才能懂得什麼應該追求和什麼應該避免。」

各行各業的不同，需要的素質與才能也不同。如果我們不瞭解這一點，沒有能把自己的所長運用起來，你所從事的行業需要的素質和才能正是你所缺乏的，那麼，你將會自我埋沒。反之，如果你有自知之明，善於運用自己從事你最擅長的工作，你就具備獲得成功的可能性。

遺傳學家經過研究認為：人的正常的、中等的智力由一對基因所決定。另外還有五對次要的修飾基因，它們決定著人的特殊天賦，起著降低智力或升高智力的作用。一般說來，人的這五對次要基因總有一兩對是好的。也就是說，一般人總有可能在某些特定的方面，具有良好的天賦與素質。

湯姆遜由於「那雙笨拙的手」，在處理實驗工具方面感到很煩惱，因此他的早年研究工作偏重於理論物理，較少涉及實驗物理，並且他找了一位在做實驗及處理實驗故障方面有驚人能力的年輕助手，這樣他就避免了自己的缺陷，努力發揮了自己的特長。珍妮．古道爾清楚的知道，她並沒有過人的才智，但在研究野生動物方面，她有超人的毅力、濃厚的興趣，而這正是幹這一行所需要的。所以她沒有去攻數學、物理學，而是去了非洲森林裡考察黑猩猩，終於成為一位有成就的生物學家。

所以，每一個人都應該努力根據自己的特長來設計自己，量力而行。根據自身的環境、條件、才能、素質、興趣等，確定正確方向。不要埋怨環境與條件，應努力尋找有利條件；不能坐等機會，要自己創造機會。我們不僅要善於觀察世界，善於觀察事物，也要善於觀察自己，瞭解自己。

12 找到適合自己發揮的舞台

在原始的森林裡，到處都生長著高大挺拔的喬木，如葉形橢圓的楠木、葉子對生的梓樹、可防蟲蛀的樟樹、可做染料的櫟樹等等。它們枝繁葉茂，遮天蔽日，令人望而生畏。

有一種善於飛騰、跳躍的靈猿，生活在這原始森林裡，恰似如魚得水。牠們在這些又粗又直的喬木之間輕盈敏捷的攀爬，時而躍上，時而落下，不時還會扯住一根藤蔓，盪到另一棵大樹上去小憩片刻。牠們在森林裡嬉戲玩耍，逍遙自得，神氣活現，好不威風，儼然就像這深山老林中的君王一般，誰也奈何不了牠們。由於牠們的身體十分靈巧，行蹤無定，就算是神射手恐怕也沒有辦法去射殺牠。

然而，若是將這群靈猿趕到一片荊棘叢生的灌木林中去生活，那就會變成另外一番景象了。那裡儘是生有長刺的柘樹、滿身棘刺的酸棗、味道酸苦的枳樹等等。

第二，我非常幸運有如此諒解我、對我容忍又耐心的父母，如果有一個試題，別人只花幾分鐘，而我必須用二個小時完成的時候，我的父母從來不會因此而責罵我。對於我的父母來說，只要自己的兒子盡力而為了，就是他們的目的。

第三，我從不跟自己的同學競爭，如果我的同學又高又大，跑得很快，而我又小又矮，為什麼一定要跟他們比呢？知道自己在哪裡可以停止，這非常重要。我也曾經問過自己千百次，為什麼別人可以學習得輕鬆？為什麼我永遠回答不了問題？為什麼我總是不及格？當知道自己的病症以後，我得到了專業人士的關愛和解釋。

理解自己和理解周圍環境，是非常重要。所以說，一定要做最適合自己的事情，不要迎合他人的口味去做一個不屬於自我的「難事」。

大學畢業後的前幾年中，小王幾乎每年換一個工作。先是在辦公室當文書處理，一年後覺得賣保健食品挺賺錢的，就去一家生物製藥公司做推銷員。沒幹多久，保健食品就不景氣，這時有位朋友拉小王去一家營銷策劃公司，月薪能開到四萬元，小王第二天就去報到上班。在這家營銷策劃公司工作了一年，收入雖然較以前多了不少，但離成為真正的富人的目標還有很大的距離。一次偶然的機會，小王碰上一位多年不見的老同學，他開了一家貿易公司，從很多地方進了一些熱門商品，由於「錢」景誘人，小王於是又加盟了他的貿易公司。幹了半年，公司的生意一天不如一天，小王又去了一位朋友開的廣告公司……

直到三十歲過後，漂泊的他才安定下來。其實，這也是不少年輕人常有的毛病。在我們生活的周圍，像小王這樣的人不少。許多人在年輕時有著強烈的追求，總是不甘於自己的現狀，於是，這山望著那山高，在工作和事業中頻繁地變換，但到最後還是沒找到適合自己施展才華的舞台，當然也就一事無成。

有時，我們不妨問問自己：我們這樣能做成什麼呢？每次只要看到別的公司能賺到比現在公司更多的錢，我們就欣然前往，但忙到最後，雖賺了些小錢，生活得到了些許改善，還是一事無成。在任何一個行業中我們都沒有打下堅實的根基，培養起自己的資源。當回過頭來看，當年曾並肩奮鬥過的同事，許多都在原來的領域成名成家了，我們卻只是改善了伙食標準而已。

經濟上的窘迫會促使人們做出急功近利的抉擇，但一個想有所成就的人一定要在心中弄清楚：自己適合於做什麼，哪個領域、哪個職位才是自己終生事業的所在。

第二章

學會適應，融入環境

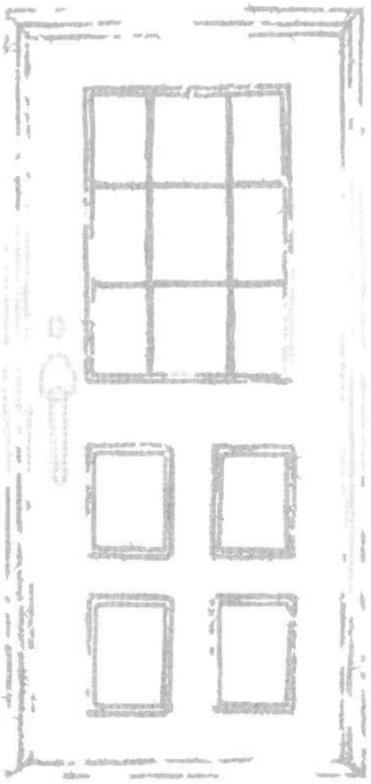

對於我們所處的現實環境而言，與其選擇違逆與對抗，不如選擇適應和融入更對我們有利。

適應現實，就是要學會適應社會、適應生活、適應環境、適應他人。缺乏適應能力的人，因為與社會的疏離，在其心中就難以排除憤世嫉俗或妄自菲薄的悲歎。學會適應，我們緊鎖的眉頭會悄然舒展，我們黯然的神情會燦爛綻放，我們閉塞的心靈會轟然打開……

1 生活總是會不公平的對待你

現實生活中許多人所常犯的一個錯誤，便是為自己或他人感到遺憾，認為生活應該是公平的，或者總有一天會公平的。其實不然，這種絕對公平現在不會有，將來也不會有。

認識到生活中充滿著不公平這一事實的一個好處，就是它能激勵我們去盡己所能，而不再自憐自艾。我們知道讓每件事情都完美並不是「生活的使命」，而是我們自己對生活的挑戰。每個人在成長、面對困難、做艱難抉擇的過程中，都有感到成了犧牲品或遭到不公平對待的時候。

承認生活並不總是公平這一事實，並不意味我們不必盡己所能去改善生活，去改變整個世界，恰恰相反，當我們沒有意識到或不承認生活並不公平時，我們往往陷入心理失衡的境地，導致憤世、悲觀等對世態度，而這種態度是一種於事無補的失敗主義的情緒，它只能令人感覺比現在更糟。但當我們真正認清現實時，我們會對他人也對自己懷有同情，充滿理解，所到之處都會存在著寬容的心。當我們發現自己在思考人世間的種種不公正時，就要及時提醒自己這一基本的事實。我們會驚喜地發現，它會將自己從自憐自艾中拉出來，採取一些具有積極意義的行動。

總之，我們承認生活中不公平的客觀事實，並不意味著一切消極的開始，正因為我們坦然接受了這個事實，我們才能保持平和的心態，找到屬於自己的人生定位。許多不公平的事，我們是沒有辦法逃避的，也是不能由自己選擇的。我們只能坦然接受已經存在的事實並進行自我調整，抗拒這一切不但可能毀了自己的生活，而且也會使自己的精神崩潰。因此，人在無法改變不公和不幸的厄運時，要學會接受它，並去適應它。

命運總是變幻莫測，如果它給我們帶來了快樂，這當然很好，我們也很樂意接受。但事情卻往往並非如此，有時，它帶給我們的會是可怕的災難，這時如果我們不能學會接受它，反而讓災難主宰了我們的心靈，那生活就會永遠地失去陽光。

美國知名心理學家，威廉·詹姆士曾說：「心甘情願地接受吧！接受現實是克

服任何不幸的第一步。」

新英格蘭的婦女運動名人格麗．富勒曾將一句話奉為真理，這句話是：「我接受整個宇宙。」是的，我們也應該能接受不可避免而無法改變的事實。即使我們不接受命運的安排，也不能改變事實分毫，我們唯一能改變的，只有自己。卡耐基也說：「有一次我拒不接受我遇到的一種不可改變的情況。我像個笨蛋，不斷作無謂的反抗，結果帶來無眠的夜晚，我把自己整得很慘。後來，經過一年的自我折磨，我不得不接受我無法改變的事實。」面對不可避免而無法改變的事實，我們應該學著做到詩人惠特曼所說的那樣：「讓我們學著像樹木一樣順其自然，面對黑夜、風暴、饑餓、意外等挫折。」

勇敢地面對現實，並不等於束手接受所有的不幸。只要有任何可以挽救的機會，我們都應該奮鬥！但是，當我們發現情勢已不可挽回時，我們最好就不要再胡思亂想，拒絕面對，而是要勇敢地接受不可避免的事實，惟有如此，才能在人生的道路上掌握好平衡，而不至於跌倒。

當我們在埋怨自己的生活不公平、人生多磨難的同時，想想還有更多受災難的人們，與他們相比我們所經歷過的困難和挫折算什麼呢？

所以，我們承認生活不總是公平的，並積極地去適應它。這樣，我們才能擺脫消極，放開心胸，在人生的道路上走得更穩健。

2 無法改變就要學會適應

美國有一所非常著名的學府，它的名字幾乎為全世界的人所知道，它的入學考試需要平均九十分以上的成績，它一門課的學費，相當於美國一般家庭一個月的開銷，它的學生常穿著印有校名的T恤在街上招搖……

但是，這個學校有著嚴重困擾的問題，因為它緊鄰一個治安很壞的貧民區，學校的玻璃經常被人打破，學生的車子經常失竊，學生在晚上被搶劫已不是新聞，女學生甚至遭到被強暴的命運。

「一所偉大的學校，怎麼能有如此糟糕的鄰居！」董事會議一致通過，「把那些不安分的鄰居趕走！」方法很簡單，以學校雄厚的財力把貧民區的土地和房屋全部買下，改為校園。

於是校園變大了，可是問題還是沒有解決，反而變得更為嚴重，因為那些貧民雖然搬走，卻只是向外移，隔著青青的草地，學校又與新貧民區相接。加上擴大的校園難於管理，治安狀況更糟了。

董事會失去了主意，請來當地的警官共商對策。「當我們與鄰居相處困難時，最好的辦法不是把鄰居趕走，更不是將自己封閉，反而應該試著去瞭解、溝通，進而影響、教育他們。」警官說。

校董們相看無言，啞然失笑，他們發現身為世界最著名學府的董事，竟然忘記了教育的功能。

他們設立了平民補習班，送研究生去貧民區調查探訪，捐贈教育器材給鄰近的中小學，並輔導就業，更開闢部分校園為運動場，供貧民區的青少年們使用。

沒有幾年，這所學校的治安環境已經大大地改善，而那鄰近的貧民區，更慢慢的步入了小康。

置身於一個壞的環境，光靠抱怨是改變不了什麼的，不是你去改變它，就是你去適應它除此之外，別無選擇。

在某城鎮的一條街上，住著兩戶人家，一家是富人，一家是鞣皮匠。

富人家的房子非常氣派，高高的屋簷，雕花的門窗，寬寬的走廊用圓圓的柱子支撐著，夏天坐在走廊上，讓微風吹著，特別清爽。

鞣皮匠家的房子可差遠了，低矮的屋簷不說，那窗戶小的只能進一隻貓，那門矮的人要低著頭、彎著腰才能進去。

富人的房子雖好，但他一分鐘也不敢在走廊坐著，因為，他實在無法忍受鞣皮匠家裡飄過來的難聞的氣味。

鞣皮匠整天都要幹活，於是，一張又一張的驢皮、馬皮、豬皮、牛皮……都運到他家。他操起刀，一張一張的刮，然後用配好的料一張一張的鞣。

髒水像小河一樣從鞣皮匠家的屋子裏流出，無論誰走過那裡都要緊緊地捂住鼻子，如果捂得不密，就會被氣味熏得反胃。

富人在這種臭氣中過日子，真是難受死了。於是，他多次來到鞣皮匠的家裡，對他說：「你無論如何也不能再這樣幹下去了，如果你不儘快搬家，我總有一天要死在這裡。我這裡有一個金幣，你拿上它快點搬家吧！」

鞣皮匠知道，無論搬到哪裡人們都不會歡迎他，於是，他對富人說：「老爺，我不要你的金幣，不過請你放心，我已經找好了房子，要不了幾天我就會搬走，請你放心好了。」

一天過去了，兩天過去了。每當富人來催，鞣皮匠都是這幾句話。隨著時光的流逝，鞣皮匠家的這股臭味彷彿變了，因為富人來催他搬家的次數越來越少了。

到最後，富人每天坐在走廊上，又是喝酒，又是吃肉，再也不讓鞣皮匠為難了。富人的變化使鞣皮匠十分納悶，有一天，鞣皮匠見到了富人，便問他：「老爺，現在我們這條街有什麼變化嗎？」富人說：「沒有啊，我覺得在這裡住十分舒服。」原來富人已經適應這種氣味了。

「入芝蘭之室，久而不聞其香；入鮑魚之室，久而不聞其臭。」一個漂亮的人看久了也就不會覺得多好看，一個醜的人看久了也就不覺得他有多難看。人與環境是相互作用的，你能改變就設法改變，怨天尤人是不能解決任何問題，當你改變不了就要學會適應。

3 改變自己對環境的態度

快樂和幸福並不是別人賜予的，需要自己去爭取。而爭取的方法，有時只是改變一下你對周圍人、事、物的態度。

努力去認識、感受和適應它們，到時你就不會對它們感到厭惡，反而你對它們會感到興趣和喜歡。

蘇格拉底還是單身漢的時候，和幾個朋友一起住在一間只有七、八平方公尺的房子。儘管生活非常不便，但是，他一天到晚總是快樂無比。

有人問他：「那麼多人擠在一起，連轉個身都困難，有什麼好快樂的？」

蘇格拉底說：「朋友們在一塊兒，隨時都可以交換意見，交流情感，這難道不是很值得高興的事情嗎？」

過了一段時間，朋友們一個個相繼成家了，先後搬了出去。屋子裡只剩下了蘇格拉底一個人，但是每天他仍然很快活。

那人又問他：「你一個人孤孤單單的，有什麼好高興的？」

「我這裡有很多書啊！一本書就是一個老師。和這麼多老師在一起，時時刻刻都可以向它們請教，這怎能不令人高興呢？」

幾年後，蘇格拉底也成了家，搬進了一棟大樓裡。這棟大樓有七層，他的家在最底層。底層是這整棟大樓裡環境最差的，上面老是往下面潑污水，丟死老鼠、破鞋子、臭襪子和雜七雜八的髒東西，那人見他還是一副自得其樂的樣子，便好奇地問：「你住這樣的房子，也感到高興嗎？」

「是呀！你不知道住一樓有多少妙處啊！比如，進門就是家，不用爬很高的樓梯；搬東西方便，不必花很大的勁兒；朋友來訪容易，用不著一層樓一層樓地去叩門詢問……特別讓我滿意的是，可以在空地上養一叢一叢的花，種一畦一畦的菜，這些樂趣數之不盡啊！」蘇格拉底情不自禁的說。

過了一年，蘇格拉底把房子讓給了一位親戚，因為這位親戚家有一個行動不方便的老人，上下樓很不方便。他搬到了大樓的最高一層，可是每天他仍是快快樂樂的。

那人反問他說：「住七層樓是不是也有許多好處呀！」

蘇格拉底說：「是啊，好處可真不少呢！僅舉幾個例子吧：每天上下幾次，這是很好的鍛鍊機會，有利於身體健康；光線好，看書寫文章不傷眼睛；沒有人在頭頂上干擾，白天黑夜都非常安靜。」

後來，那人遇到蘇格拉底的學生柏拉圖，便問他說：「你的老師總是那麼快快樂樂，但我卻感到他每次所處的環境並不是那麼好呀？」

柏拉圖說：「**決定一個人心情的，不是在於環境，而是在於心境。**」

確實是如此，在工作中，平和、樂觀的心態是最重要的。任何對客觀環境的不滿和怨天尤人都是無濟於事的，只有以積極向上的精神去面對工作，才是解決問題的最佳方法。也就是說，我們處在什麼樣的環境並不重要，最重要的是：保持良好的心態。

4 壓力有時是一種助力

美國麻省理工學院曾經進行了一個很有意思的實驗。實驗人員用很多鐵圈將一個小南瓜整個箍住，以觀察當南瓜逐漸長大時，對這個鐵圈產生的壓力有多大。最初他們估計南瓜最大能夠承受五百磅的壓力。

在實驗的第一個月，南瓜承受了五百磅的壓力；實驗到第二個月時，這個南瓜承受了一千五百磅的壓力；當它承受到二千磅的壓力時，研究人員必須對鐵圈加固，以免南瓜將鐵圈撐開，最後，整個南瓜承受了超過五千磅的壓力後瓜皮才產生破裂。他們打開南瓜，發現它已經無法再食用，因為它的中間充滿了堅韌牢固的層層纖維；為了吸收充足的養分，以便於突破限制它生長的鐵圈，它所有的根往不同的方向全方位地伸展。

由南瓜的成長想到人生，我們對於自己能夠變得多麼堅強常常毫無概念！假如南瓜能夠承受如此巨大的壓力，那麼人類在相同的環境下又能承受多少呢？

在很多情況下，我們有許多人不如南瓜。儘管有比南瓜更堅強的承受力，但他們沒有承受的勇氣，甚至有時候壓力還沒有加到他們身上時，他們就已經趴下了。因為他們懷疑自己的能力，不敢與壓力抗衡，以致於被困難、挫折、失敗壓垮。

比如說，如果你在公司的團體當中，要處理好各個方面的關係，包括你和上司之間的關係，同事之間的關係，你和下屬之間的關係，因為關係複雜，處理這些問題非常耗費你的時間和精力。處理不好，還會遭到來自各方面的非議和指責；如果你跟上司的關係走得很近，同事會說你是在拍馬屁；如果你關心了一位女同事，馬上有人會在你背後指手畫腳，說你別有企圖。指責和非議會如排山倒海般向你湧來，對你形成巨大的內心壓力。

如果你升了官，同樣有更大的壓力等著你，因為，你要處理好與下屬的關係，要瞭解向一個新上司報告的藝術，要對你的部門甚至整個公司作一番深入的評估，這一切，都會給你帶來體力和精神上的壓力。

因此，緩解壓力對你來說就顯得很重要。緩解壓力其實就是一個適應環境的過程。如果環境對一個人的要求高於他所能達到的，那麼，壓力就會增大；如果環境對人沒有什麼要求，也不具有什麼挑戰性，更談不上激動人心的話，那麼，人們對這一切總會無動於衷，自然談不上會有什麼壓力了；如果環境對人要求太多了，那麼，為了應付一切，人們就會出現諸如失眠、心跳加快、胃痛或頭疼之類的症狀，不同人在遭遇到壓力時會有不同的生理反應。

太多的壓力會讓你感到應接不暇，於是事情就一件件地積壓、無法完成，然後你就會感到不安、焦慮，或者擔驚受怕。而壓力過少的話，又會讓你覺得手頭上的時間太多了，因而會覺得枯燥乏味、疲憊或失望，認為生活一點意思也沒有。

壓力並非總是件壞事，比如，當你在一大群聽眾面前演講的時候，你會感到壓力。你心跳加快，呼吸急促，還感到胃部痙攣；但同時，你也對這種興奮感到樂在其中，而且對你演講這回事還很渴望，因為由此帶來的壓力給了你動力。而適度的緊張能增加腎上腺的分泌，可以讓注意力和精神更加的集中。

在美國，有人曾做過一項研究，調查了五十六個公司的主管，發現他們在八小時時間裡平均要有五百八十三項活動，這就是每隔四十八秒就必須採取一個行動，這個調查表明，他們總是一刻不停地在做著。你要怎麼做才能避免這種情況呢？

在你知道一整天都得在持續的快節奏下工作之後，你就得計畫著讓自己休息輕鬆一下，比如，每隔一個半小時，休息五至十分鐘，什麼也別幹，坐著放鬆、深呼吸、伸伸腿、喝杯茶或咖啡。別讓你自己老是被人推擠著往前走，因為如果你不停下來休息的話，你的效率會降低。

大量的壓力都來自於那些沒有達成的期望，包括你自己的和別人的。在工作中，一般遇到的情況是，你的上司的要求沒有達到，但是，有時候如果你給你自己設立了不切實際的目標，情況也許還會更糟糕。我們也會因為家庭事務而感到處在壓力之下。

壓力也來自於你對那些或許永遠也不會出現的問題的擔心，比如說，有人會在乘坐飛機之前緊張，害怕飛機會墜毀。對待因擔心這些也許永不會出現的事而產生的壓力，最要緊的就是分析一下這些問題，看它們會在什麼樣的情況下出現，你碰上這種事的機率是多少？有避免之法嗎？如果你認為的事機率幾乎等於零的話，那還有什麼好擔心的呢？

5 人生在世，總是會遇到諸多風雨和磨難

在一個社區裡，住著兩位很特別的人，三十三號住著一個年輕人，三十二號是住著一個老人。

老人一生相當坎坷，很多不幸都降臨到他的頭上：年輕時由於戰亂幾乎失去了所有的親人，一條腿也在空襲中不幸被炸斷；「白色恐怖」時，妻子忍受不了無休止的折磨，沒能和他同舟共濟，最後跟他劃清了界限，離他而去；不久，和他相依為命的兒子又喪生於車禍中。

可是在年輕人的印象之中，老人一直爽朗而又隨和。因為這個年輕人卻與之相反，常常是愁眉苦臉，任何時候都顯得很憂鬱。當他聽別人講三十二號那個老人一生中的經歷以後，就想和老人聊聊。

於是年輕人便找了個機會到了老人的家裡聊起了天，並把他的愁事跟老人說

了。老人並沒有說什麼，只是笑。

年輕人終於忍不住了，便問：「您經過了那麼多苦難和不幸，可是為什麼看不出您悲傷呢？」老人沒說話，將年輕人看了很久，然後，將一片樹葉拿到年輕人眼前，對他說：「你瞧，它像什麼？」

「這也許是白楊樹葉，而至於像什麼……」年輕人答道。

老人拿著手中的樹葉對年輕人說：「你能說它不像一顆心嗎？或者說就是一顆心？」

這是真的，是十分類似心臟的形狀。年輕人的心為之輕輕一顫。

「再看看它上面都有些什麼？」老人繼續說道，一邊說著，一邊把手中的樹葉更近地向年輕人湊過去。年輕人清楚地看到，那上面有許多大小不等的孔洞，就像葉子中間被針紮了很多次似的。

老人收回樹葉，放到手掌中，用沉重而舒緩的聲音說：「它在春風中綻出，在陽光中長大，從冰雪消融到寒冷的秋末，它走過了自己的一生。這期間，它經過了蟲咬石擊，以致千瘡百孔，可是它並沒有凋零。它之所以享盡天年，完全是因為對陽光、泥土、雨露充滿了熱愛，對自己的生命充滿了熱情，相比之下，那些打擊又算得了什麼呢？」

老人最後把葉子放在年輕人的手裡，對他說：「這答案交給你了，這是一部歷史，更是一部哲學啊。」

如今，年輕人仍完好無損地保存著這片樹葉。每當年輕人在人生中突遭打擊的時候，總能從這片樹葉吸取足夠的冷靜和力量，不論在怎樣的艱難之中，總能保持一種樂觀向上的精神。

人生在世，總是會遇到諸多風雨和磨難。一個欲成大事的人更應該學習這種精神，經得起如此折騰的人，還有什麼苦不能吃？

另外，經得起折騰要保持一個平和的心態，你不拿煩惱當回事，就可以減少很多不必要的麻煩。

一個多世紀前，在俄羅斯一個寂寞的火車站上，有一位穿舊皮袍的老頭在低頭沉思，他就是貴族出身的大作家列夫．托爾斯泰。

這時，火車上一個聲音高喊著：「喂，老頭兒，快去候車室把我的皮箱取來，我給你一個銅板。」對於一個偉大的俄羅斯作家來說，這簡直是侮辱，托爾斯泰完全可以勃然大怒，並斥責發出聲音的人。

但是，托爾斯泰按照著那個人說的做了，然後，彎腰拾起了那一枚銅板。

生活中的托爾斯泰並不喜歡貴族的生活狀態，他更同情弱者，因此，在作品中創作了失去人身權益的安娜・卡列尼娜等重要人物，對那位旅人的做法並不會感到太大的怪異，儘管那個人很不禮貌，甚至近乎粗魯。

可是，如果從另一個角度去考慮，也能感受到他粗魯中流露的感激和親密，世界上的事情真是很難說得清楚，你越是對別人的做法感到理解，越會襯托出自己的高貴和尊嚴。你再去想那個鏡頭，似乎可以感到，沒有比托翁的做法更恰當的方式了。

在日常生活中，人們更多的是採取吵嚷、謾罵、詆毀的方式擺脫困惑。而困惑並沒有因為他們的反感而絲毫的減輕，所以，視坎坷為幽默才是人生的大智慧。而且，只有領會這種境界，才能樹立正確的人生方向，破除成大事路上的種種障礙，最終品嘗全面成功的喜悅。

人活一世，總會遇到諸多風雨和磨難。無論這是生活對你的考驗還是磨礪，你都要經得起折騰，保持平和的心態，這是成大事所必需的。

6 怨天尤人，你也不會過的更好

有一天，素有「森林之王」之稱的獅子，來到了天神面前說：「我很感謝您賜給我如此雄壯威武的體魄，以及如此強大無比的力氣，讓我有足夠的能力統治這整座森林。」天神聽了，微笑的問：「但是你今天來找我的目的是什麼？看起來你似乎為了某事而困擾！」

獅子輕輕吼了一聲，說：「天神真是瞭解我啊！我今天來，的確是有事相求。因為儘管我的能力好，但是每天雞鳴的時候，我總是會被雞鳴聲給嚇醒。我請您再賜給我一個力量，讓我不再被雞鳴聲給嚇醒吧！」天神笑說：「你去找大象吧，牠會給你一個滿意的答覆的。」

獅子高興的跑到湖邊找大象，還沒見到大象，就聽到大象跺腳所發出的「砰砰」聲。

獅子快速跑向大象，卻看到大象正氣呼呼地直跺腳。獅子問大象：「你幹嘛發這麼大的脾氣？」大象拚命搖晃著大耳朵，吼著說：「有隻討厭的蚊子，總鑽進我的耳朵裡，害我都快癢死了。」

獅子最後什麼也沒對大象說就離開了，內心暗自想著：「原來這麼巨大的大象，還會怕那麼瘦小的蚊子，那我還有什麼好抱怨呢？畢竟雞鳴也不過一天一次，而蚊子卻是無時無刻地騷擾著大象。這樣想來，我可比他幸運多了。」

獅子一邊走，一邊回頭看著仍在跺腳的大象，心想：「以後只要雞鳴時，我就當雞是在提醒我該起床了，如此一想，雞鳴聲對我還算是有益處呢！」

在人生的道路上，無論我們走得多麼順利，只要稍微遇上一些不順的事，就會習慣性地抱怨上天虧待我們，進而祈求老天賜給我們更多的力量，幫助我們度過難關。

一個經常失敗而又不知道從哪裡爬起來的人，在尋找失敗的藉口和原因時，往往習慣於責備社會、制度、環境，也常常會抱怨運氣不佳。對於他人的成功與幸福，總是憤憤不平。因為這些人認為，這些都足以說明生活對自己的不公平。

怨天尤人是企圖用所謂不公平的待遇、不公正的現象來為自己的失敗辯護，使自己感到好過一些。但實際上，作為對失敗者的安慰，怨天尤人是非常不可取的。怨天尤人是精神的烈性毒藥，它使快樂不再出現，並且使成功的力量逐漸消耗殆盡，最後形成惡性循環，怨天尤人的人，不可能和任何人相處得好。怨天尤人的人，常以「別人對不起我」的感覺來達到內心的滿足。

整天心懷怨氣的人，是試圖在人生的法庭上證明他的合理存在性，如果他有怨天尤人之感就證明生活對他不公平，而希望透過某種神奇的力量將那些使他產生怨恨的事情澄清，使他得到補償。

從這個意義上來說，怨天尤人是對已發生事件的一種心理反抗或排斥。怨天尤人的結果是塑造劣等的自我形象。就算所抱怨的是真正的不公正與錯誤，它也不是解決問題的好方法，因為它很快就會轉變成一種習慣情緒。一個人習慣於覺得自己是不公平的受害者，就會定位於受害者的角色上，並可能隨時尋找外在的藉口，即使對最無心的話在最不確定的情況中，他也能很輕易地看到不公平的證據。

習慣性的怨天尤人一定會帶來自憐，而自憐又是最壞的情緒習慣。如果這個習慣已根深蒂固，離開了這個習慣，就會覺得不對勁、不自然，而必須開始去尋找新的不公正的證據。有人說這種人只有在苦惱中才會感到適應，這種埋怨和自憐的情緒習慣，會把自己想像成一個不快樂的可憐蟲或者犧牲者。

產生怨天尤人的真正原因是自己的情緒反應。因此，只有自己才有能力來克服它，如果你能理解並且深信：怨天尤人與自憐不是使人成功與幸福的方法，你便可以控制住這種習慣。一個人如果總是憤憤不平，他就不可能把自己想像成自立自強的人，也不可能成為自己靈魂的、命運的主人。怨天尤人的人把自己的命運交給別人，把自己的感受和行動交給別人支配，他像乞丐一樣依賴別人。若是有人給他快樂他也會怨天尤人，因為對方不是照他希望的方式給的；若是有人感激他，而且這種感激是出於欣賞他或承認他的價值，他還是會怨天尤人，因為別人欠他的這些感激的債並沒有完全償還；若是生活不如意，他更是會怨天尤人，因為他覺得生活欠他的太多。

7 消除多餘的憂慮

寺廟裡有個小和尚，他的工作就是負責每天早上清掃寺廟院子的落葉，只做這些，就需要花費掉他許多時間。

尤其在秋冬之際，更讓小和尚頭痛不已。他竭力思考，每天都在想辦法，而且還討教廟裡的師兄弟，怎麼讓自己輕鬆些。

後來，這件事讓住持知道了，住持就找他談話。小和尚很老實，就實話對住持說了，後來住持跟他說：「你在明天打掃之前先用力搖樹，把落葉統統搖下來，後天就可以不用掃落葉了。」

於是隔天他起了個大早，連臉都顧不得洗，直接跑到後院，使勁兒地猛搖樹，這樣他就可以把今天跟明天的落葉一次掃乾淨了，一直搖到他認為差不多了為止。

隨後，又用掃帚掃了一遍，才放心地回去吃飯，一整天小和尚都非常開心。

第二天，小和尚到院子裡一看，不禁傻眼了：昨天所做的一切全都白費，院子裡如往常一樣落葉滿地。

這時，住持走了過來，對小和尚說：「傻孩子，你知道我為什麼給你出那個主意嗎？就是要讓你明白：無論你今天怎麼用力，明天的落葉還是會飄落下來。」

小和尚終於明白了，世上有很多事是無法提前的，與其憂心忡忡，不如認真地活在當下，這才是最真實的人生態度。

對我們來說，憂慮是一個恐怖的魔鬼，是一種沉重的折磨，它常常盤踞在處在逆境中的人們，誰能果斷地趕走它，誰就能從逆境中突圍。

第二次世界大戰期間，一位名叫泰勒的美國馬里蘭州的年輕人正在歐洲服役，在後來出版的一本書裡，他這樣寫道：

「在一九四五年春天時，我整天處在憂鬱之中，以致得了醫生們稱之為橫結腸痙攣症的疾病，它給我帶來了難以忍受的巨痛，那時我整個人幾乎都是處在虛脫狀態。如果不是戰爭及時結束的話，我的生命大概也要結束了。

「當時我在步兵九十四師的死亡登記處做事，我的工作是記錄作戰死亡、失蹤的士兵的姓名，有時也負責掩埋那些被丟棄在戰場上的士兵的屍體。我還得收集這些士兵的遺物，送還給他們的親屬。在做這些工作時，我老是擔心出差錯，我更擔心自己會撐不過去而再也沒有機會擁抱我唯一的兒子，他那時已經十六個月大了，而我還不知道他長得什麼樣子。那時我心力交瘁，體重連續下降了三十四磅，精神總是恍恍惚惚的，我看著自己的手，它們已經只剩下皮包骨了。我一想到可能沒有辦法活著回家，我就像個孩子一樣，驚恐地哭出來。最後，我只得住進了陸軍的診療所。但在那裡，一位軍醫對我說的一句話竟改變了我的一生。

那天在給我做過全身檢查以後，醫生告訴我，我的身體沒有病，病是出在心裡。他說，你要把人生想成一個沙漏，上面雖然有成千上萬的沙粒，可是它們只能一粒一粒緩慢地通過細小的瓶頸，你我都沒有辦法讓一粒以上的沙子通過瓶頸。我們每個人都是沙漏，每天早上我們都有一大堆的事情要做，如果我們不是一件一件地處理，像一粒一粒的沙子通過沙漏瓶頸的話，我們就可能對自己的心理或生理造成傷害。」

自從聽了那位軍醫的一席話以後，我一直生活在這樣的理念中，這就是：一次一粒沙，一次一件事。我作戰的時候，這句話真的拯救了我的身心。一直到今天我身為公關廣告部的主任，它對我還是非常有幫助。我發現工作和作戰有許多地方很相似，比如，工作繁重時，時間不夠用，存貨不多了，還有新的表格要填，要安排新的訂貨等等。

為避免緊張，我常常牢記那位軍醫的話：「你是一個沙漏，一次一粒沙。」每當我一遍又一遍地重複念這句話，我就能提高效率，把工作做完，而不至於像作戰時那樣淒慘。

其實醫院裡有一半以上的病人是因為心理問題引起的疾病，他們被昨日的負擔和對明日的恐懼壓得透不過氣來。其實大部分的人可以度過一個快樂而有意義的人生，根本不必待在醫院。

人是一種奇怪的動物，很多的煩惱和痛苦都是自己強加給自己的，很多的憂慮和擔心實屬多餘。我們的生命極為有限，可是我們為什麼偏偏還要自己摧殘自己呢？活著的每一天，要學會瀟灑而平靜地面對一切，只有做到了這一點，我們才能獲得內心的愉悅，感受到人生的真諦！

是的，人活著為什麼要瞻前顧後，憂慮重重呢？把握今天，珍惜今天，戰勝自己，給自己一個快樂的心情，成功就是你的！

8 任何磨礪都是有益的

一個把困難看作墊腳石的人，將會從困難中體會到快樂和幸福；而一個把困難看作絆腳石的人，只會從困難中體會到悲哀和失敗。

不能否認，在我們的身邊有這麼一些人：他們永遠不敢面對困難，對自己也沒有任何的信心。他們認為自己做這個不行，做那個也不行，是個徹頭徹尾沒用的人。他們根本無法振作精神，更談不上與困難面對面地交戰。脆弱的心理導致他們經不起一點點的挫折打擊，即使問題出現轉機，有了好機會，他們也會因沉浸在消極沮喪之中而難以察覺到，而錯過這個好機會，這樣也許就此錯過了一生。

要知道，困難是一個人磨練意志、提高工作能力和豐富實踐經驗的最好機會。從困難中，你可以學到平常難以接觸到的東西，讓自己逐漸變得成熟而勇敢，對工作的處理更得心應手。如果學會了在困境中的奮鬥，順境中的事情對你來說都將算不了什麼，因為需要的技能和意志在困難中已經得到了磨練和提高。

世界超級小提琴家帕格尼尼四歲時一場痲疹和強制性昏厥症，曾使他瀕臨死亡。七歲患上嚴重肺炎，不得不大量放血治療。四十六歲牙床突然長滿膿瘡，只好拔掉幾乎所有的牙齒。牙病剛癒，又染上可怕的眼疾，幼小的兒子成了他手中的枴杖。五十歲後，關節炎、腸胃炎等多種疾病吞噬著他的身體。後來聲帶也壞了，靠兒子按口型翻譯他的想法。他僅活到五十七歲，死後屍體也備受磨難，先後搬遷八次。

但生前，帕格尼尼似乎覺得自己並不是一個災禍纏身的不幸者。他長期把自己囚禁起來，每天練琴十至十二小時，忘記饑餓和死亡。十三歲起，他開始遊歷各地，過著流浪的生活。除了兒子和小提琴，他幾乎沒有一個像樣的家和其他親人。

但帕格尼尼是一位天才。三歲學琴，十二歲就舉辦首次音樂會，並一舉成功，轟動音樂界。在他之後的游離經歷中，他的琴聲遍及法、意、奧、德、英、捷克等國。他的演奏使首席提琴家羅拉驚訝的從病榻上跳下來，木然而立，無顏收他為徒。他的琴聲使盧卡的觀眾欣喜若狂，宣布他為共和國首席小提琴家。在義大利巡迴演出產生神奇效果，人們到處傳說他的琴弦是用情婦腸子製作的，魔鬼又暗藏妖術，所以他的琴聲才魔力無窮。維也納一位盲人聽他的琴聲，以為是樂隊演奏，當得知台上只有他一人時，大叫「他是個魔鬼」，隨之匆忙逃走。巴黎人為他的琴聲陶醉，早忘記正在流行的嚴重霍亂，演奏會依然場場爆滿……

他不但用獨特的指法和充滿魔力的旋律征服了整個歐洲和世界，而且發展了指揮藝術，創作出《隨想曲》、《無窮動》、《女妖舞》和六部小提琴協奏曲及許多吉他演奏曲。幾乎歐洲所有文學藝術大師如大仲馬、巴爾扎克、蕭邦、司湯達等都聽過他演奏並為之感動。音樂評論家勃拉茲稱他是「操琴弓的魔術師」，歌德評價他是「在琴弦上展現了火一樣的靈魂」，李斯特大喊：「天喊，在這四根琴弦中包含著多少苦難、痛苦和受到殘害的生靈啊！」

人們不禁問，是苦難成就了天才，還是天才特別熱愛苦難？這個問題一時難以說清。但人們清楚知道，彌爾頓、貝多芬和帕格尼尼被稱為世界音樂史上三大怪傑，居然一個成了瞎子、一個成了聾子、一個成了啞巴！看來苦難是最好的大學。

在競爭激烈的職場中，有人靠自己的智慧和能力，搶佔先機取得了事業上的成功，有人卻屢遭挫折和困頓，經受著失敗的痛苦，成功和失敗對於一個人來說總是在變化著的。你面對的究竟是失敗還是成功，很多時候要看你如何把握。

成功的關鍵在於是否經得起困難的磨練。如果將每次的困難都看成是不可逾越的高山，那麼前一次的困難，就為下一次的困難埋下了種子。如果把困難當作鍛鍊自己的機會，那麼每一次的困難，就為將來的成功奠定了基石。

一家著名的汽車銷售公司要招聘十名職員，經過嚴格的筆試和面試，公司從三百多名應徵者中選出了十名。

公布結果那天，一個叫卡爾的青年在佈告欄上沒有發現自己的名字，悲痛欲絕，回到家中便想自殺，幸好親人及時發現，將他救了過來。這時，從那家公司傳來好消息：卡爾的成績本來名列前茅，只是由於電腦輸入的錯誤，才導致了卡爾的落選。正當卡爾一家歡喜慶幸時，卻又傳來消息：卡爾被公司除了名。

原因很簡單，公司的老闆認為：「如此小的挫折都經受不了，這樣的人肯定在公司裡做不成什麼大事。」所以說，檢驗一個人的能力最好是在他處於困境的時候。看一看是否經得起困難的磨練，困難能否喚起他更多的勇氣，能否使他發揮出更大的潛力。

一個能勇敢面對困難，能獨當一面的人，他會是老闆和同事最有力、最靠得住的幫手。他知道困難不會讓他的成功來得更遲，而是來得更早。

其實，任何的磨礪都是有益的，是對自身能力的一種錘鍊和加強。

9 從「過去」走出來

你肯定經歷過失敗和成功，但那都只能代表著過去，並不能為你將來的成功做任何的保證。所以，在向新的成功邁進的時候，你必須拋棄過去，無論榮辱一切從頭開始。

有一句很有哲理的話：「杯子倒空了，才能再往裡面裝水。」所以，你在任何時候都要輕裝簡從，把「過去」扔進下水道裡。

事業的成功固然令人欣喜，但人們更多的容易陷於過去失敗的泥淖之中，這些自然會打擊自信心，帶來消極的影響。

一個無法從「過去」中走出來的人，做任何工作都會顯得萎靡不振，沒有秩序。他對一切都失去了熱情，顯得精神恍惚，處處都糊塗混亂，這是一個人最大的危機之一。

事實上，沉淪於過去，碌碌無為地度過一生，或者以積極的心態和意志走出過去，尋找事業的新起點，這兩者一生中有著天壤之別。

一個人如果不能從過去走出來，他就只能生活在過去的陰影中，不會積極的去追求，好好地把握現在，因此讓許多千載難逢的好機會從自己的手指間溜掉，自己也會被淘汰和遺忘。一位哲學家途經荒漠，看到很久以前的一座城池的廢墟，哲學家想在此休息一下，就順手搬過來一個石雕坐了下來。望著荒廢下來的城垣，想像曾經發生過的故事，不由得感嘆了一聲。

忽然，有人說：「先生，你感嘆什麼呀？」他四下看了看，卻沒有看到人，他正在疑惑的時候，那聲音又出現了。原來是石雕傳出來的聲音，仔細一看，還是一尊「雙面神」的神像。哲學家好奇地問：「你為什麼有兩副面孔呢？」雙面神回答說：「有了兩副面孔，我才能一面察看過去，牢牢地汲取曾經的教訓；另一面又可以展望未來，去憧憬無限的美好藍圖啊。」哲學家說：「過去只是現在的逝去，再也無法留住，而未來又是現在的延續，是你現在無法得到的。你不把現在放在眼裡，即使你能對過去瞭若指掌，對未來洞察先知，又有什麼意義呢？」雙面神聽了哲學家的話，不由得痛哭起來，他說：「先生啊，聽了你的話，我至今才明白，我落得如此下場的根源。」哲學家問：「為什麼？」雙面神說：「很久以前，我駐守這座城池時，自詡能夠一面察看過去，一面又能展望未來，卻唯獨沒有好好地把握住現在，結果，這座城池被敵人攻陷了，美麗的輝煌都成了過眼雲煙。我也被人們拋棄於廢墟中了。」

世界上有三種人：第一種人只會回憶過去，在回憶的過程中體驗感傷；第二種人只會空想未來，在空想的過程中不務正事；只有第三種人注重現在，腳踏實地，慢慢累積，一步一步踏踏實實地走向未來。

對過去進行總結、對未來進行展望固然是好的，但關鍵是把握現在。只有把對過去的自省和對未來的希望統統化作動力，注入現實的工作中，自省才有意義，成功才有可能實現。如果一味地陶醉於過去，或把時間和精力浪費在空想上，而不著手現在的工作，那麼他永遠都只能生活在對過去的感傷和對未來的空想。

過去的失敗已經不可挽回，未來又充滿了無窮的變數，我們能夠把握的只有現在。只有在回憶過去的過程中總結經驗用以指導現在的工作，我們才能在以後的工作少犯一些錯誤；只有在冀想未來的過程中保持激情投入到今天的工作，才會減少變數，讓未來變得更美好。在工作中我們不能像雙面神那樣，只注重察看過去、展望未來，而是要把握現在，做好今天。

當然，每個人的「過去」不都是充斥著失敗的，肯定還有著成功的喜悅。但成功只是對之前工作的肯定，它沒有必然的慣性，成功永遠排在工作的後面。所以，你不能總躺在過去的功勞簿上，你要為你以後的成功積蓄力量。所幸的是，成功能給人一種激勵，但也僅僅只是一種激勵，你同樣需要從這樣的「過去」中走出來。

沉湎於過去的最大代價就是放過一個又一個成功的機會，即使這機會就近在眼前，他們也會視而不見。

如果我們從一開始就能勇敢、正確地面對過去，承受它，消滅它，它的污點和毒刺就會快速脫落，變成一株美麗而嬌豔的鮮花，裝飾今天的喜悅。

要想取得新的、更大的成功，就必須及時從過去走出來，無論失敗還是成功都只是昨天的事，你要為今天的成功而努力工作。

10 不要把希望寄託在別人身上

威廉．詹姆斯是哈佛大學最傑出的心理學教授，在他剛進入大學的第一學期的第一堂課上，年近花甲的老教授講了這樣一個故事：

一個中國留學生，以優異的成績考入了美國的一所知名大學，由於人生地不熟，思鄉心切加上飲食生活等諸多的不習慣，入學不久便病倒了，更為嚴重的是，由於生活費用不夠，他的生活甚為窘迫，瀕臨退學。在餐館打工一小時可以賺幾美元，但他卻嫌累而不幹。幾個月下來他所帶的費用所剩無幾，學校放假時他準備休學回家。

回到故鄉，當他走下飛機扶梯的時候，立刻看到自己久違的父親，便興高采烈得向他跑去。父親臉上堆滿了笑容，張開雙手準備擁抱兒子。

但就在兒子摟到父親脖子的那一剎那，這位父親卻突然向後退了一步，孩子撲了個空，摔倒在地，他對父親的舉動深為不解。父親拉起倒在地上的孩子，深情地對他說：「孩子，這個世界上沒有任何人可以做你的靠山，當你的支點。你若想在激烈的競爭中立於不敗之地，任何時候都不能喪失那個叫自立、自信、自強的生命支點，一切全靠你自己！」說完父親塞給孩子一張返程機票。這位學生沒跨進家門就直接登上了返校的航班，返校不久他獲得了學院裡的最高獎學金，且有數篇論文發表在有國際影響的刊物上。

威廉·詹姆斯出身貧寒，所以他一直把教授的這些話奉為至理名言，經過他不懈的奮鬥，終有所成。

從前，有個放牛小孩上山砍柴，突然遇到老虎襲擊，放牛小孩嚇壞了，抓起鐮刀就跑。

然而，前方已是懸崖！老虎卻在向放牛小孩逼近。為了生存，放牛小孩決定和老虎一決雌雄。就在他轉過身面對張開血盆大口的老虎時，不幸一腳踩空，向懸崖下跌去。千鈞一髮之際，求生的本能使放牛小孩抓住了半空中的一棵小樹。

但是，這樣就能夠生存了嗎？上面是虎視眈眈、饑腸轆轆的老虎，下面是陰森恐怖的山谷，四周到處是懸崖峭壁，即使有人來也無法救助。吊在懸崖中的放牛小孩明白了自己的處境後，禁不住絕望地大哭起來。

這時，他一眼瞥見對面山腰上有一個老和尚正經過這裡，便高喊「救命」。老和尚看了看四周的環境，嘆息了一聲，他喊道：「我沒有辦法呀，看來，只有你自己才能救自己了！」

放牛小孩一聽這話，哭得更厲害了，「我這副模樣，怎麼能救自己呢？」

老和尚說：「與其那麼死揪著小樹等著餓死，不如鬆開你的手，那畢竟還有一線希望呀！記住，你只能靠你自己！」說完，老和尚嘆息著離開了。放牛小孩又哭了一陣，還罵了一陣老和尚見死不救。天快要黑了，上面的老虎算是盯準了他，死活不肯離開，放牛小孩又餓又累，抓住小樹的手也感到越來越沒有力了。怎麼辦？放牛小孩此時想起了老和尚的話，仔細想想，覺得他的話也有道理。

是啊，現在只能靠自己了。這麼下去，只能是死路一條，而鬆開手落下去，也許仍然是死路一條，但也有獲得生存的可能，既然怎麼都是個死，不如冒險試一試。

於是，放牛小孩停止了哭喊，他艱難地轉過頭，選擇跳躍的方向。他發現山谷下似乎有一小塊綠色，會是草地嗎？如果是草地就好了，也許跳下去後不會摔死。他告訴自己：「怕是沒有用的，只有冒險試一試，才能獲得生存的希望。」他咬緊牙關，在雙腳用力蹬向絕壁的一剎那鬆開了緊握小樹的手。身體飛快地向下墜落，耳邊有風聲在呼呼作響，他很害怕，但他又告訴自己絕不能閉上眼睛，必須瞪大眼睛選擇落腳的地點。奇蹟出現了，他掉落在深谷中唯一的一小塊濃密的綠地上。

在林林總總、形形色色的俗語中，有一句話是不少人耳熟能詳，那就是：「在家靠父母，出門靠朋友。」

誠然，人生在世，總要或多或少地依靠來自自身以外的各種幫助：父母的養育、師長的教誨、朋友的關愛、社會的鼓勵……可以說，人從呱呱墜地的那一刻起，就已開始接受他人給予的種種幫助，所「依」甚廣，所「靠」甚多。然而，「在家靠父母，出門靠朋友」的「靠」，已經遠遠超出和大大脫離了，一個人需要外部力量幫助這種正常之「靠」，而演變成「唯父母和朋友是靠」的依賴心理，把自己立身於社會的希望完全寄託在父母和朋友的身上。

信奉「在家靠父母」的人，往往是那些生活上不能自理而飯來張口、錢來伸手，或者事業上不能自立而離不開父母權力、地位和金錢支撐的人。這樣的人，顯然不可能在生活上自立自強、在事業上有所作為。這裡，有必要重溫一下小仲馬的故事。

小仲馬寫作之初，寄出的稿件總是石沉大海，父親大仲馬對他說：「你寄稿時給編輯先生附上一張紙，說你是大仲馬的兒子，也許情況就會好多了。」但小仲馬不但堅決拒絕以父親的盛名作自己事業的敲門磚，而且不露聲色地給自己取了十幾個筆名，以免編輯把他和父親聯繫起來。經過不斷的努力，他終於取得了成功，長篇小說《茶花女》一炮打響，成為傳世之作。可以想像，假如小仲馬當年依靠父親的名氣從事創作，或許能發表一些作品，卻斷然不會創作出如此不朽之作。

信奉「出門靠朋友」的人，往往是那些熱衷於拉關係、走捷徑，把哥兒們義氣看得比什麼都重要的人。這些人在處理人際關係時相信朋友決定一切，依靠朋友可以成就一切。於是，為了交朋友、靠朋友，常常不講原則，甚至置法紀於不顧。

鄭板橋曾經說過：「滴自己的汗，吃自己的飯；自己的事，自己幹；靠天靠地靠祖上，不算是好漢。」雖然算不上為人處世的金科玉律，但卻闡釋了一個鐵律：千靠萬靠，不如靠自己。天地萬物之間，最能依靠的人只有自己，這才是最現實的，也是最可靠的。

11 逃避不能解決問題

阿偉在一家大公司任職，經理是位四十歲上下的男子，一向表情嚴肅刻板。一次阿偉隨他外出，在飛往日本的客機上，經理向他吐露了一件藏在心裡已久的隱私。然而，在那個時候，做為阿偉心目中威嚴的上司，他說的那個話題卻著實地讓阿偉受窘又驚詫不已。經理說：「八年前，我受雇於一家建築公司當業務員，由於我的勤勞能幹，大量欠款源源不斷地收回，公司頹敗的景象頗有改觀。老闆也很賞識我，幾次邀我到他家吃飯。這時，他唯一的女兒悄悄地愛上了我，常常送一些精美的小禮物給我。我起初不敢接受，後來礙於情面只好收下。就這樣過了兩年，當有一天我告訴她我不能再給予她太多時，她一氣之下尋了短見。」

阿偉聽了之後，驚訝的問說：「怎麼會這樣？然後呢？」經理繼續說著：「她的兩個哥哥對著我咆哮，揚言非要我償命不可。那時我手裡已有了為數不少的積蓄，很多人勸我一走了之。我沒有這樣做，心裡只有一個念頭：事因既然在我，我必須回去面對這一切，是死是活無關緊要。

當我走進她的家門，一群人向我撲來，但她的父親，也就是我的老闆向其他人擺了擺手，走上來緊握著我的手，許久才緩緩對我說：一個女人願意為你犧牲，說明你是一個不同凡響的人；你敢來面對這一切，說明你是一個有血有肉的人。」

經理的話說完了，同時他也給了我們一個最好的人生哲理：「對於你自己造成的恥辱，除了勇敢地去面對，你別無選擇！」逃避只能加重傷痕的裂口，或者一蹶不振。能成就一番事業的人，都是能夠經得起磨難與考驗的人，以及對於自己的苦難勇於面對的人。

人的一生是在不斷的失敗中度過的。對於許多人來說，失敗並不可怕，可怕的是你在心靈上被徹底的打敗，而又未能體會到真正的教訓，反而一再重蹈覆轍，以致於到最後落得無可救藥。我們常說：「勝敗乃兵家常事，因此要勝不驕，敗不餒。」更重要的是，要經得起挫折，能重振旗鼓，開闢人生另一個戰場。

日本大企業家松下幸之助對此理念闡述得最透徹，他說：「跌倒了就要站起來，而且更要往前走。跌倒了站起來只是半個人，站起來後再往前走才是完整的人。」

威爾遜先生是一位成功的商業家，他從一家事務所小職員做起，經過多年的奮鬥，終於擁有了自己的公司、辦公大樓，並且受到了人們的尊敬。

這一天，威爾遜先生從他的辦公大樓走出來，剛走到街上，就聽見身後傳來「嗒嗒嗒」的聲音，那是盲人用竹竿敲打地面發出的聲響。威爾遜先生愣了一下，慢慢地轉過身。

那盲人感覺到前面有人，連忙打起精神，上前說道：「尊敬的先生，您一定發現我是一個可憐的盲人，能不能佔用您一點點時間呢？」

威爾遜先生說：「我要去會見一個重要的客戶，你有什麼事就快說吧。」

盲人在一個包裡摸索了半天，掏出一個打火機，放到威爾遜先生的手上，並且說：「先生，這個打火機只賣一美元，這可是最好的打火機啊。」

威爾遜先生聽了，嘆了一口氣，把手伸進西裝口袋，拿出一張紙鈔遞給盲人：「我不抽煙，但我願意幫助你。這個打火機，也許我可以送給大樓的管理員。」

盲人用手摸了一下那張紙鈔，竟然是一百美元！他用顫抖的手反覆撫摸著紙鈔，嘴裡感激著說：「您是我遇見過的最慷慨的人！仁慈的富人啊，我為您祈禱！上帝保佑您！」

威爾遜先生笑了笑，正準備要走，但盲人拉住他，並且對他說：「您不知道，我並不是一生下來就瞎的。都是二十三年前布林頓的那次事故！太可怕了！」威爾遜先生一愣，問說：「你是在那次化工廠爆炸中失明的嗎？」

盲人彷彿遇見了知音，興奮得連連點頭說：「是啊！是啊！您也知道？這也難怪，那次光是炸死的人就有九十三個，受傷的人有好幾百，可是頭條新聞！」

盲人想用自己的遭遇打動對方，爭取多得到一些錢，他可憐的說：「我真可憐啊！到處流浪，孤苦伶仃，吃了上頓沒下頓，死了都沒人知道！」他越說越激動，「您不知道當時的情況，火一下子冒了出來！逃命的人群都擠在一起，我好不容易衝到門口，可是一個大個子在我身後大喊：讓我先出去！我還年輕，我不想死！他把我推倒了，踩著我的身體跑了出去！我失去了知覺，等我醒來，就成了瞎子，命運真不公平啊！」

威爾遜先生冷冷的說：「事實恐怕不是這樣吧？你說反了。」

盲人聽完一驚，用空洞的眼睛呆呆地對著威爾遜先生。威爾遜先生嚴肅的說：「我當時也在布林頓化工廠當工人，是你從我的身上踏過去的！你長得比我高大，你說的那句話，我永遠都忘不了！」

盲人站了好長時間，突然一把抓住威爾遜先生的手，爆出一陣大笑：「這就是命運啊！不公平的命運！你在裡面，現在出人頭地了，我跑了出去，卻成了一個沒有用的瞎子！」

威爾遜先生用力推開盲人的手，舉起了手中一根精緻的棕櫚手杖，平靜的對盲人說：「你知道嗎？我也是一個瞎子。是你不敢面對，但我敢。」

同是不幸的遭遇或失敗，有人只能以乞討混日為生，有人卻能出人頭地，這絕非命運的安排，而在於面對這種情況，你選擇逃避還是坦然面對。

命運會給你不幸，也會給你機會。命運面前人人平等，有求取別人同情的時間，不如拿來去奮鬥更現實一些。

第三章

適可而止，懂得知足

生活給予我們每一個人一座豐富的寶庫，但需要你在追求的過程中保持樂觀務實的心態，去追求那些適合你自己且力所能及的事務，否則，生命將難以承受。

知足是對現實生活的欣然接受，當一個人無法改變生活的處境時，他除了欣然接受以外，還能有更明智的選擇嗎？人若有此種想法，在順境與逆境中都能夠安然自得。

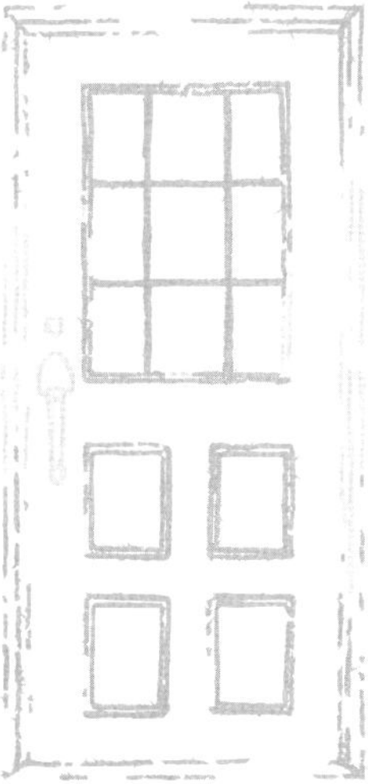

1 知足不辱，知止不殆

老子給後人留下了許多至理名言，其中有一句是這樣說的：「知足不辱，知止不殆，可以長久。」這句話的意思是顯而易見的，只有「知足」和「知止」的人，才能立身長久，而且可以免去生活中的許多憂愁和悲傷，讓快樂的心情永遠佔據自己思維的空間，從而盡享人生的樂趣。

現實生活中的每一個人，都是希望能活得瀟灑與快樂的，然而，如果在人生的歷程中需求的太多，認識不到願望與現實總是有距離的，適可而止是一種理智，或者對自己已經得到的東西不好好珍惜，而是在利益面前沒有止境，那麼其結果是不會好到哪裡去。一味去追求個人利益之所以後果可悲，是因為客觀方面的荒漠不可逾越，自己卻偏要拚命往裡鑽，其結局便可想而知了。這種失去理智的作為，是快樂的生活離其越來越遠乃至消失的一個主要原因。

這樣的故事在歷史中為數不少，這裡略舉一二：

魏晉之時的何曾，參與了司馬氏廢除魏帝、建立晉朝的活動，立下了赫赫功勳。司馬氏登上王位後，首先要做的是獎勵那些跟隨他多年的賢臣良士，獎勵國家的有功之臣。於是賜給何曾許多土地和錢財，還讓他擔任丞相、太傅等要職。他身為國家重臣，本應輔助皇帝執掌政權，給國家撐門面，但他花在滿足個人慾望方面的時間和精力，比治理國家所用的時間和精力要多得多。他的生活奢侈豪華，儘管當時多數老百姓連粗布衣服都沒得穿，他卻派人到全國各地去搜刮民財，豪取大量的錦繡，用絲綢來裝飾牆壁，用布匹來鋪墊地面；儘管當時多數老百姓連五穀雜糧都填不飽肚子，他卻一日三餐要花掉一萬錢，還嫌飯不像飯，菜不像菜，沒法下筷子。一天，有一個官員向他報告有幾個郡縣餓死了多少人，他聽了，全然不信，而且感到奇怪，彷彿人家是癡人說夢話，於是不以為然的說：「這不可能，完全不可能，現在我們的生活這麼富裕，怎麼會餓死人呢？」

西晉的君主昏庸無道，丞相生活奢侈，荒淫無恥，其他大臣們也都是驕縱無度，一個個過著花天酒地，美女相伴的荒淫頹廢生活，只知道在宮殿裡度過他們享樂的時光，終於導致已經達到鼎盛時期的西晉帝國很快衰敗，隨後滅亡。

「食錢一萬，無乃太過。噫！可不忍欽？」「無乃太過」，就是說，這樣做實在是太過分了。個人吃住，似乎是小事，但任意揮霍，不知足知止，就是害己害國的大事，何況朝廷上下、文武百官競相追求享樂，西晉帝國最終不被滅掉天理不容！隨著西晉帝國的衰亡，除開國皇帝晉武帝司馬炎外，司馬炎之子晉惠帝等三個皇帝，結果都很可悲，一個被毒死，兩個被殺。依附皇室的大臣，還有那些貴族們，也十之八九沒有好下場。

南朝梁代人魚弘，追隨梁武帝南征北戰，功不可沒。後來，梁武帝當了皇帝，賜給他十五頃田，一座山林，八萬棵林木，但他卻鬱鬱寡歡，終日不露笑臉。他的妻子深感不安，於是直言相問：「官人，你是不是因為皇帝給你封賞少而不高興？」

魚弘沉吟半晌說：「一個君主，論功要平，懲罰要當，這是常理。我隨君主轉戰各地，出生入死，吃他的俸祿應該不止於此。」

他的妻子說：「我知道你的功勞不小，但你不應該是那種貪得財富、追求顯達的人，因為這不應該是你的為人之道呀。」

這些道理，魚弘自然聽不進去。其實，他正是個追求官爵、貪圖錢財的人。他擔任郡守（即太守），仍嫌官小；他財產不菲，仍感不足，仗著自己受到梁武帝的信任，竟公然勒索錢財，並且大言不慚地對人說：「我作郡守，郡中有四盡：水中魚鱉盡，山中獐鹿盡，田中米穀盡，村裡人口盡。人生在世，就是要快活享樂，作郡守不享樂，什麼時候享樂？」他讓下屬到民間敲詐勒索，並讓民工到深山裡砍來珍貴的樹木，運來高級的花崗石，在一塊風水寶地上建造豪華的郡守府。他的車馬服飾，不用一般布匹，而用絲綢錦緞，生活十分奢侈，又荒淫無恥，有侍妾百餘人。因為生活糜爛、縱慾過度，沒幾個春秋，他便一命嗚呼。

漢朝開國功臣韓信，權謀過人，又曉勇善戰，屢立大功，被列為替劉邦打天下的功臣之首。他因此當上了朝廷的大官，權限很大，俸祿也很高。但他缺乏智者的情懷，一邊享受著高官厚祿，一邊又為高官厚祿所困擾，所羈絆，不時露出好爭地位、爭爵位的面目，因而被漢高祖劉邦所不容，抓住一些理由將他逮捕，關進了大牢。在牢中，他悲憤的說：「正像別人說的一樣，狡猾的兔子捕盡了，獵狗就該下湯鍋；天下的飛鳥射盡了，好弓箭就該收拾起來扔進庫房；敵對國家已經滅亡，出謀劃策的臣子們也該喪命。現在，天下已經安定，我是該下湯鍋了。」從韓信的這番話裡不難聽出，韓信的悲憤之情，可是他千不該萬不該以功臣自居，以至於最後未能逃脫被殺的命運。

何曾也好，魚弘、韓信也罷，他們的官位不算小，財產也不算少，但是由於他們對官爵、財產、享樂的嚮往沒有止境，對個人私利的追求沒有邊際，最終的下場都極為可悲。說句公道話，置他們於死地的原因儘管比較複雜，但他們所共有的那顆不知足之心，則是造成悲劇的重要因素。

相比之下，從古至今，有許多歷史人物比他們要明智得多，高明得多。這些人安於本分，安於擁有，因而使自己身輕鬆，無拘無束，瀟脫自在，避免是非，在人生中享受快樂與尊嚴。

晉朝人介子推是當時著名的賢人，他跟隨晉文公長期流亡國外，吃盡了苦，也是國家的有功之臣。晉文公繼位後，要獎勵賢臣良士，但他卻回歸故里，沒得到任何賞賜。

一天，介子推突然對他的母親說：「作為國君，要做到賞罰分明，辦事公平，確實不易。」他的母親知道，凡功臣皆有獎勵。有的封給土地，有的賞給官位，有的給予金銀，只有其子一無所有，眼下又說這種話，莫不是心懷不滿吧！於是問道：「君主沒有給你論功行賞，你是不是不高興呀？」

介子推回答說：「母親，你想到哪裡去了。千金是重利，官爵是尊位，然而孩兒都不放在眼裡。因為追求功名，嚮往富貴，不是我的為人之道。所以，我才躲在山村裡，寧願躬耕自足自給，也不吃君主的奉祿。」

他的母親不由笑說：「孩兒的為人，當娘的怎麼會不知道。你這樣見利讓利，聞名讓名，不與世抵觸，好得很啊！」

於是他們母子就在綿山裡安了家，過著日出而做，日落而歸，面朝黃土背朝天的田園生活，一邊勞作，一邊觀賞著大自然的風起雲湧、荷色菊香的美好景致，終日裡顯出一副淡雅、嫺靜的樣子。

後來，晉文公知道了這件事，內心既敬重又難過，於是就派人去綿山請介子推，但他執意不出山做官。文公無奈，只好把綿山封給介子推，將綿山改為介山，並意味深長的說：「這介山的名字記載了我的過失，也記載了人間的一個賢臣良士。」

春秋戰國時期，孔子的得意門生顏回，聰明過人，才高八斗，出類拔萃，然而他卻寧願為民，不願做官，這是為什麼呢？

且說有一天，秋高氣爽，豔陽高照，孔子沐浴著陽光，笑容滿面地問顏回：「回，你家貧屈卑，胡不仕乎？」

顏回一笑，說了一套洋洋灑灑的話：「不願仕。回有郭外之田五十畝，足以給食千粥；郭內之田十畝，足以為絲麻；鼓琴足以自娛，所學夫子之道足以自樂也。回不願仕。」

孔子興高采烈的說：「善哉回之意！丘聞之：知足者不以利自累也，審自得者失之而不懼，行修於內者無位而不作。丘育之久矣，今於回而後見之，是丘之得也。」

顏回與孔子的對話十分精彩，尤其是顏回回答孔子的那段言論，更是精彩絕倫。你看，當孔子問他為什麼不願做官的時候，他對答得何等好啊！他說：「自家在田野裡自由自在，只要勤於躬耕，足夠穿衣吃飯之用；家有琴，一陣輕快的琵琶彈出了自己熟悉的曲調，足以自娛，我學老師之道，做個不追求名利的正人君子，足以自樂。放著有吃、有穿、有娛、有樂的日子不去享用，放著大自然的清風明月、鳥語花香的美景不去觀賞消受，偏偏要去朝廷做官，豈不是太沒意思了嗎？」

孔子見顏回說得很有道理，不禁出口讚賞顏回的思想和品德，認為他真正實踐了知足者不以爭名奪利來拖累自己的古訓。正因為這樣，所以過著灑脫、輕鬆愉快的生活，絲毫沒有拖累。

當然，我們這樣說，並不是要求現實生活中的人們，都摒棄對「名」或「利」的慾望。在一定意義上講，人的包括名、利在內的各種慾望，尤其是正當、積極的慾望，是一個人走向成功的強大驅動力。但是，在人生的征途中，如果一個人的慾望，尤其是追求金錢、享樂的慾望太過分，那就是無異於自尋窮途末路，到頭來必然是慾極悲來，悔之晚矣。所以，這裡有必要給人們提個醒，在追求慾望的過程中，應該保持經常知足的心態。因為，經常知足，是一切幸福和快樂的源泉！

2 安於現狀並不是固步自封

不安於現狀證明這個人有發展的慾望，可是過於不安現狀只能給自己帶來無盡的痛苦，一旦成為你的習慣，那只會讓自己痛苦一生。

有一頭驢子，總是嫌牠的主人給牠的食物太少，卻讓牠幹過多的活，實在不公平，於是牠向上帝祈求改變現狀，換另外一個主人。上帝勸誡牠說，這樣做以後會後悔的，但最後還是給牠換了新主人，一個燒瓦匠。在磚瓦場的勞動更加辛苦，驢子感到換主人後牠的負擔更重了，實在太累，於是又請上帝為牠換主人。上帝答應了，但告訴牠這是最後一次，於是把驢子送到皮革匠那裡，驢子覺得牠的工作更加繁重了，懊悔地感嘆說：「我寧可在第一個主人那裡餓死，在第二個主人那裡累死，也比現在強得多。要知道，我現在的主人，我活著時要給他賣命，死了他還要剝我的皮，太悲慘了。」

改變現狀是積極上進的表現，但不能為了改變而改變，要有目的有計劃，清楚認識自己所處的現實。珍惜自己擁有的，這才是幸福，而等到失去它時再去惋惜就太遲了，因此為了將來，我們更要把握住現在。

一位年輕人靠著賣魚來維生，有一天，他一面吃喝，一面環視四周，注意看是否有人來買魚。突然，一隻老鷹從空中俯衝而下，在他的魚攤叼了一條魚後立刻轉身飛向空中。賣魚郎很生氣地大喊大叫，可是，只能無奈地看著那隻老鷹越飛越高、越飛越遠……

他氣憤地自言自語：「可惜我沒有翅膀，不能飛上天空，否則一定不放過你！」

那天他回家時，經過一座地藏廟，他就跪在地藏廟前，祈求地藏菩薩保佑他變成老鷹，能展翅飛翔於天空。從此以後，他每天經過地藏廟，都會如此殷切地祈求。

一群年輕人看到他天天向菩薩祈求，就很好奇地相互討論，其中一人說：「這位賣魚的人，每天都希望能變成一隻老鷹，可以飛上天空。」

另一人就說：「哎喲！他傻傻地祈求，要求到何時？不如我們來捉弄捉弄他！」大家交頭接耳，想了一個方法要欺負他。

第二天，其中一位年輕人先躲在地藏菩薩像的後面。賣魚郎來了，照樣虔誠地祈求、禮拜。這時，躲在菩薩像後面的那位年輕人說：「你求得這麼虔誠，我要滿足你的願望，你可以到村內找一棵最高的樹，然後爬到樹上試試看。」

賣魚郎以為真的聽到地藏菩薩的指示，非常歡喜，於是趕快跑到村裡找到一棵最高的樹，然後爬到樹上。那棵樹實在太高了，他越往上爬，越覺得擔心。但是，能變成老鷹的願望讓他繼續爬了上去。

他爬上樹頂，向下一看，哇！這麼高！我真的能飛嗎？

那群年輕人也跟著來了，他們在樹下故意七嘴八舌地喊說：「你們看，樹上好像有一隻大老鷹，不知道牠會不會飛？」

「既然是老鷹，一定會飛嘛！」

賣魚郎心裡很高興，他心想：我果然已經變成一隻老鷹了！既然是老鷹，哪有不會飛的呢？

於是他展開雙手，擺出展翅欲飛的架勢，從樹頂跳了下去。可是，怎麼不是向上飛，而是向下墜落呢？好可怕啊！但是已經來不及了。

幸好，他落在泥漿地上，陷入爛泥巴和水草之中，只受了點輕傷。那些年輕人跑過來，幸災樂禍地取笑他。

他說：「你們笑什麼？我只是翅膀跌斷了，不是飛不起來啊！」

所以說，人生最不幸的事不是「得不到」和「已失去」，而是不能體會，不能把握現在的幸福。安於現狀並不是固步自封，而是一種從容的心態。

能夠安於現狀，就要遇事量力而行，不要做無謂的犧牲，過於沉醉其中而無法自拔時，也往往是迷失人生、丟失自我的時候。

說。

3 豁達是生命最完美的色彩

三伏天，禪院的草地枯黃了一大片。「快撒點草種籽吧！好難看呀！」小和尚說。

「等天涼」，師父揮揮手：「隨時！」

中秋，師父買了一包草種籽，叫小和尚去播種。

秋風起，草種籽邊撒邊飄。「不好了！好多種籽都被吹飛了。」小和尚喊叫。

「沒關係，吹走的多半是空的，撒下去也發不了芽。」師父說：「隨性！」

撒完種籽，跟著就飛來幾隻小鳥啄食。「要命了！種籽都被鳥吃了！」小和尚急得跳腳。

「沒關係！種籽多，吃不完！」師父說：「隨遇！」

半夜一陣驟雨，小和尚早晨衝進禪房：「師父！這下真完了！好多草籽被雨沖走了！」

「沖到哪兒，就在哪兒發！」師父說：「隨緣！」

一個星期過去了，原本光禿的地面，居然長出許多青翠的草苗。一些原來沒播種的角落，也泛出了綠意。

小和尚高興得直拍手。

師父點頭說：「隨喜！」

隨不是跟隨，是順其自然，不怨怒、不躁進、不過度、不強求。

隨不是隨便，是把握機緣，不悲觀、不刻板、不慌亂、不忘形。

不要幻想生活總是那麼圓滿，也不要幻想在生活的四季中享受所有的春天，每個人的一生都注定要跋涉溝溝坎坎，品嘗苦澀與無奈，經歷挫折與失意。

在漫漫旅途中，失意並不可怕，受挫也無需憂傷。只要心中的信念沒有萎縮，只要自己的季節沒有嚴冬，即使風淒霜冷，即使大雪紛飛。艱難險阻是人生對你另一種形式的饋贈，坑坑窪窪也是對你意志的磨礪和考驗。落英在晚春凋零，來年又燦爛一片；黃葉在秋風中飄落，春天又煥發出勃勃生機。這何嘗不是一種達觀，一種灑脫，一份人生的成熟，一份人情的練達。

這種灑脫人生，不是玩世不恭，更不是自暴自棄，灑脫是一種思想上的輕裝，灑脫是一種目光的超前。有灑脫才不會終日鬱鬱寡歡，有灑脫才不覺得人生活得太累。

懂得了這一點，我們才不至於對生活求全責備，才不會在受挫之後徬徨失意。懂得了這一點，我們才能挺起胸膛，披著溫柔的陽光，找到充滿希望的起點。

一個人的性格，往往在大膽中蘊涵了魯莽，在謹慎中伴隨著猶豫，在聰明中體現了狡猾，在固執中映出了堅強，羞怯會成為一種美好的溫柔，暴躁會表現一種力量與激情，但無論如何，豁達，對於任何人，都會賦予他們一種完美的色彩。

一般認為，豁達是一種人生的態度，但從更深的層面看，豁達卻是一種待人處事的思維方式。

觀察分析一個心胸豁達的人，你往往會發現，他的思維習慣中有一種自嘲的傾向。這種傾向，有時會顯於外表，表現為以幽默的方式擺脫困境。自嘲是一種重要的思維方式。每個人都有許多無法避免的缺陷，這是一種必然。不夠豁達的人，往往拒絕承認這種必然。為了滿足這種心理，他們總是緊張地抵禦著任何會使這些缺陷暴露出來的外來衝擊，久之，心理便成為脆弱的，一個擁有自嘲能力的人，卻可以免於此患。他能主動察覺自己的弱點，他沒有必要去掩飾。

一個真正豁達的人，往往能夠得而不喜、失而不憂。人把成功榮譽看輕些、看淡些，把厄運羞辱看遠些、看開些，就會贏得一個廣闊的心靈空間。

日本有個白隱禪師，他的故事在世界各地廣為流傳。其中國內著名作家林新居撰寫的《就是這樣嗎？》頗為感人。

講的是有一對夫妻，在住處的附近開了一家食品店，家裡有一個漂亮的女兒。無意間，夫妻倆發現女兒的肚子無緣無故的大起來。這種見不得人的事，使得她的父母非常震怒！在父母的一再逼問下，她終於吞吞吐吐地說出「白隱」兩字。

她的父母怒不可遏地去找白隱理論，但這位大師不置可否，只若無其事的回答說：「就是這樣嗎？」孩子生下來後，就被送給白隱。此時，他的名譽雖已掃地，但他並不以為然，只是非常細心地照顧孩子，他向鄰居乞求嬰兒所需的奶水和其他用品，雖不免橫遭白眼，或是冷嘲熱諷，他總是處之泰然，彷彿他是受託撫養別人的孩子一樣。

事隔一年後，這位未婚的媽媽，終於不忍心再欺瞞下去了，最後她老老實實地向父母吐露事實：孩子的生父是在魚市工作的一名青年。

她的父母立即將她帶到白隱那裡，向他道歉，請他原諒，並將孩子帶回。白隱仍然是淡然如水，他只是在交回孩子的時候，輕聲說道：「就是這樣嗎？」彷彿不曾發生過什麼事，即使有，也只像微風吹過耳畔，霎時即逝！

白隱為了給鄰居的女兒生存的機會和空間，代人受過，犧牲了為自己洗刷清白的機會，即使受到人們的冷嘲熱諷，但是他始終不當一回事。

「就是這樣嗎？」這平平淡淡的一句話，就是對「榮辱不驚，心胸豁達」最好的解釋，反映了白隱的修養之高，道德之美。

4 珍惜你已經擁有的一切

人世間最大的悲哀，就是人們對已經擁有的東西很難去想到它，但對得不到或已經失去的東西卻念念不忘。

一個年輕人不知道該給女朋友送什麼生日禮物才好，於是就去問祖母：「如果明天是您十八歲的生日，您想要什麼禮物呢？」

祖母說：「如果明天是我十八歲生日，那我什麼都不要了。」

青春和生命是大自然給予我們的最富有愛心的禮物，看看二十年前的照片，也許你並不像自己以為的那樣胖得不可救藥，或者是醜得一塌糊塗。為什麼我們總是看不到自己已經擁有的，而偏要去抱怨自己所沒有的呢？

人類最大的悲哀在於我們永遠去羨慕別人、看著別人，對自己已經擁有的東西很難去想它。父母總是抱怨著孩子不夠聽話，而孩子抱怨父母不瞭解他們；男朋友抱怨女朋友不夠溫柔，而女朋友抱怨男朋友不夠體貼……他們從未去想過，擁有健全的父母、健康的小孩和親密的男女朋友是一件多麼幸福的事情。

許多人也許認為，擁有大量的財富和無限的權力才會幸福，為此他們拚命奮鬥，永無止境，他們來不及享受所擁有的一切，他們也看不見已經擁有的一切。然而，事實上是，我們能夠珍惜所擁有的才是最大的幸福。

在花東偏遠地區有一位農民，他常年住的是黑漆漆的窯洞，每頓飯吃的都是玉米、馬鈴薯，家裡最值錢的東西就是一個櫃子。可是他整天無憂無慮，早上唱著歌兒去幹活，晚上又唱著歌兒回家，別人真不明白他整天為什麼能那麼快樂。他說：「我渴了有水喝，餓了有飯吃，夏天住在窯洞裡不用電扇，冬天熱呼呼的炕頭勝過暖氣，日子過得好極了。」

這位農民能珍惜他所擁有的一切，從不為自己欠缺的東西而苦惱，這就是他能感受到幸福的真正原因。

其實，我們絕大多數人所擁有的，遠遠地超過了這位農民，可惜的是我們常常忽略掉。我們總是抱怨自己收人太低，卻忽略了我們擁有一個和睦的家庭，家裡人人健康，無病無災；我們總是抱怨自己的伴侶有諸多缺點，卻忽略了他們是能與我們相親相愛，真情到老的人；我們總是抱怨孩子沒有出息……

畢卡索說得好：「人生應有兩個目標：第一是得到所想要的東西，盡力去爭取；第二是享受它，享受擁有它的每一分鐘。而平常人總是朝著第一個目標邁進，卻從來不去爭取第二個目標，因為他們根本不懂得享受。」

能夠享受人生的人，不在於擁有財富的多少和地位的高低，也不在於成功或失敗，而在於會「不要計算已經失去的東西，多數數現在還擁有的東西」。這就是享受人生的一種智慧。

一位當了十二年心理顧問的醫生說，在他所遇到的各式各樣的心理病例中，最為嚴重也最為普遍的一種，就是人們一生總是不斷地追求更多的東西，但不注重自己已經擁有的。這種人往往不是想使自己擁有的東西有所改善，而是他們只要求得到更多，以填補他們永不滿足的心理。有這種心理症狀的人常說：「如果我的願望能全部得到實現，我就會變得很快樂。」這句話會在每一次有新願望的時候一再的重複。

他們如果達到了這個目的，又會冒出一些新要求、新想法，於是心理矛盾又會出現。因此，儘管這些人得到了他們所想要的，但仍舊快樂不起來，他們總認為自己還未得到的半杯咖啡比自己已經擁有的半杯更好。

如果你陷入了這種情況，你就需要改變你的想法，多去想一想你已經擁有的，而不要太貪心地去追求你還沒有的。對你的丈夫或妻子，寧願多想想他（她）的與眾不同之處，而不是希望他（她）具有一種完美的素質。當你對薪水的多少感到很不滿意的時候，不如想想你至少還擁有一份工作，比起很多失業的人來說，這已經是一件幸運的事了。當你假日裡沒有條件去一個你嚮往已久的旅遊勝地時，不如想想，待在家裡的樂趣也不少！你可以遇到很多很多像這樣的事，每次注意到自己又落入「我希望生活能更好」之類的情況時，請就此打住，重新開始。先深吸一口氣，回想生活中仍有自己應該感激的事情。

如果你能夠不再妄想更多時，你就能珍惜你所擁有的一切，心裡的不滿與空虛就會隨之消失。對於你的愛人，發現他（她）有優於別人之處時，他（她）就會變得更可愛了。當你以一種感激的心情投入工作而不是抱怨薪水的多寡時，你就會將工作做得更好，或許最後反而讓你加薪。如果你以快樂的心情看待你周圍的生活，想想只要一直與家人在一起就很快樂，你就不會覺得去不了那個旅遊勝地有多麼的難受了。如果你以前去過什麼地方旅遊，或是享受過某種優惠的待遇、接受過某種情誼，你也可以多和別人談起，或以回憶的方式來找到樂趣。總之，只要你不再老是抱怨自己還有很多東西沒有得到，你的生活一定會其樂無窮的。

多讓你注意自己所擁有的，你就會發現生活其實是很美好；或許，你會在生活中第一次感受到什麼叫真正的幸福與滿足。

5　貪得無厭是一種病

《百喻經》裡有一個故事：從前有一隻猴子，手裡抓了一把豆子，高高興興的在路上一蹦一跳地走著。一不留神，手中的一顆豆子滾落在地上，為了這顆掉落的豆子，猴子馬上將手中其餘的豆子全部放置在路旁，趴在地上，轉來轉去，東尋西找，卻始終不見那一顆豆子的蹤影。

最後猴子只好用手拍拍身上的灰土，回頭準備拿取原先放置在一旁的豆子，誰知那顆掉落的豆子還沒找到，原先的那一把豆子，卻都被路旁的雞給吃掉了。

對於某些事物的追求，如果缺乏智慧判斷，而只是一味地投入，不也像故事中的猴子一樣！想想，我們現在的追求，是否也是放棄了手中的一切，僅追求掉落的一顆！

生活中，常看到一些小朋友，兩手已經抓滿了糖果，還不斷地想搶別人手上的餅乾；家中已經堆滿了各式的玩具，還吵著要同學新買的電動玩具；餐盤內放著一大塊的牛排吃不完了，卻還吵著媽媽要吃霜淇淋。

有些人到速食店，本想買個漢堡，外加一小杯飲料就夠了。但是當看到價目表上，全餐的價格雖然比自己想叫的漢堡和飲料貴一些，但是因為它多了一包薯條，飲料還是中杯的，反正不賺白不賺，乾脆就叫了份全餐。結果呢！吃完漢堡，勉強再把薯條吃下，喝不完的飲料只好倒掉。像這種情形，我們也經常在一些自助餐廳看到。每個人好像都恨不得自己有兩個肚子似的，死命的把食物往嘴巴裡塞。

貪得無厭是一種病，它的背後是匱乏。人一旦起了貪婪之心，便會有「非分之想」。有了財富，還貪求更多的財富；有了房子，還要有土地；有了名利，還要有權勢。

我們總是汲汲營營於世人眼中所謂的成功，追求外在誘人的物質享受。滿腦子都是賺大錢、開大車、住大樓、吃大餐、當大人物、做大老闆……為什麼會這樣呢？為什麼我們費盡心思只為了證明自己？為什麼要藉由物質的堆砌來向別人炫耀？

其實，說穿了即是我們的內心空虛、匱乏，沒有知足感，因此只好藉由外在的成就去填補它。許多人必須一次又一次地證明某件事物，只是因為他們未曾真正相信過；有些人必須不停地購買東西，只因他們內心深處，未曾真正擁有過。

一個希望出名，希望大家認識他，且時常被人談論到的人，其實在他的內心深處，往往認為自己什麼都不是；一個希望賺大錢，雖擁有了財富還希望賺更多的人，反而是內心最缺乏安全感的人。

阿蘭瓦特斯在《不安全的智慧》一書中即明確地指出：「金錢買不到安全」但是若感到它活生生地存在時，必然是由不安全所襯托出來的。」

就像購物狂一樣，在痛苦難耐之際，只要能瘋狂地消費購物，立即不藥而癒。因為周旋於殷勤的店員之間，會讓他感覺倍受重視、有優越感，受損的自尊也就可以得到一點彌補。可惜這種美妙的感覺並不持久，於是購物慾又再度興起，就這樣周而復始，迴轉不息。

慾望就像發癢一樣，你越去搔它，就越覺得癢。對一個內心匱乏、貪得無厭的人而言，胃口只會越來越大，縱使不斷餵食也無法填補心靈的無底洞。

追求豐富知足的人生，並不在於外在擁有什麼或缺少什麼，而是要問自己：「內心到底缺少什麼？」畢竟，如果心靈空虛，即使擁有再多的金錢、名位與成就，也都是毫無意義的。

6 保持一顆平常心

一個人來到這個世界上，要有一種清心自在、坐臥隨心的態度，要保持人的自然本性，保持一顆平常心，不去憧憬身外之物，不去追逐功名利祿，不去追求超越生命基本需求的東西。如此，內心才能永遠平靜，才會坦坦蕩蕩、安安寧寧地立身久長，享受人生。

我們這樣提出問題，並不是阻止人們去追求，也不是要求人們放棄追求，摒棄慾望。人對物質生活條件和精神生活條件的需要，從來就具有「天然的必然性」。這種需要，往往以主觀慾望和追求的形式表現出來。

因此，人由於某些需要，有一定的慾望，一定的追求，是必然的，毫無疑問的。這就是說，人類如同不能缺少陽光、空氣和水一樣，也不能缺少必要的慾望和追求，否則人的生命就難以存在和延續，並且整個人類社會也就自行消亡了。

但我們也不能不意識到，人的追求、慾望，往往具有兩方面。一方面，它是對現實的超越；另一方面，它要受現實制約。如果人們不能正確把握可否向現實轉化的條件，不顧一切的去對某些東西產生慾念，千方百計的去追求物質生活的享受和感官的刺激，就會在滾滾紅塵中迷失方向，乃至走上邪路，跌入深淵。

正是從這個意義上講，在實現慾望的過程中，應該經常保持一顆安分之心、平常之心，順應世事，追求適度，不去嚮往那些不屬於自己該得到的東西。這樣，就能夠給自己帶來快樂。

名揚四海的國學大師林語堂先生，曾經給他的學生講過這樣一個故事：

一個週末，一對年輕的美國夫妻，沿著紐約南郊的公路進入山區，展現在他們眼前的便是一幅幅讓人如癡如醉的山色美景。正是陽春三月，四周披滿綠衣的丘陵，都呈現一派盎然的生機，樹木蔥鬱青翠，幽蘭、杜鵑、紫藤、繡球花蓓蕾初綻，迎風怒放，爭芳鬥豔，婉紫嫣紅。有詩贊曰：「前花未謝後花繁，漫山七色巧打扮，更有蜂蝶款款舞，恰似仙境落凡間。」正當他們為一片雄渾瑰麗的景色歡呼之時，突然發現在這幽靜的山坳裡，隱藏著一間小木屋。

一種強烈的好奇心，促使這對年輕夫妻來到小木屋前，迎接他們的是一位中年人。向來喜歡提問的年輕丈夫握著中年人的手，不由的問說：「在這人煙稀少的山林裡，你不覺得寂寞、不覺得乏味嗎？」

中年人望著這位年輕丈夫，毫不遲疑的回答說：「不寂寞，也不乏味，一點也不。」中年人接著又說：「我凝望那邊的青山時，青山給予我力量；我凝望山谷時，那一片片植物的葉子，包藏著生命的無數秘密；我凝望著藍色的天空，看見那雲彩變化成各式各樣的城堡；我聽到溪水的徐徐聲，就像人向我作心靈的傾訴，我的狗把頭靠在我的膝上，我從牠的眼神看到了純樸的忠誠。每當夕陽西下的時候，我看見孩子們回到家中，儘管他們的衣服很髒，頭髮也是蓬亂的，但是，他們的嘴唇上卻掛著微笑；此時，當孩子們親切地叫我一聲爸爸，我的心就像喝了甘泉一樣甜美。當我閉目養神的時候，我會覺得有一雙溫柔的手放在我的肩膀，那是我太太的手，碰到困難和憂愁的時候，這雙手總是支持著我。我知道，上帝是仁慈的。」

乍看起來，這位中年人好像沒有什麼慾望和追求。其實，中年人和我們每一個凡夫俗子一樣，總期盼著多一些淳樸和平淡，多一些粗茶淡飯的甘怡，多一些清靈淡泊的雅趣。安於此，並不是沒有慾望，沒有追求。沒有慾望，哪來真實的人生？沒有追求，何來人生快樂？有時真要好好感謝上蒼，是他讓我們學會了理智生活，即正當的、合理的追求；非正當的、不合理的追求，一定要摒棄，即使是金山、銀山也要不為所動。這就是平常心，保持平常心，並能以平常心對待這個大千世界，才是理智的生活，智慧的人生，才是我們生命中長開不敗的花朵。

當然，生活在當今的社會裡，儘管不嚮往富有的人很少，不憧憬過著優裕生活的人也很少，然而，嚮往富有，憧憬優裕生活，絕不意味著對金錢、享樂的過分貪婪。多一點安分心，多一點平常心，多一點得知而不喜、失之不為憂的平靜心境，多一點對社會的奉獻對他人的愛心，這種平常心，才是我們生命中永不凋謝的春天！

7 快樂的底線

你曾覺得孤獨嗎？你有沒有嘗過快樂的味道？

孤寂、璀璨本來就是形容詞，所有的形容詞都是比較的。沒嘗過孤寂，又怎知何謂璀璨的人生？孤寂又豈非人生之必經？

肚子餓的時候，有一碗熱騰騰的拉麵放在你眼前，是快樂；累得半死的時候，撲上軟軟的床，也是快樂；悲傷落淚的時候，旁邊人溫柔地遞來一張面紙，更是快樂。

快樂原本就沒有絕對的定義，平常一些小事也往往能感動你的心靈，快樂與否，只在於你怎麼看待。

「你快樂嗎？」

某女士用這句話去問所有熟悉的朋友和同事，他們的表現大同小異：先愣住一下，接著緊鎖眉頭，沉思半晌，然後點頭又搖頭，最後未知可否地笑一笑，匆匆離去，也有的反問：「你快樂嗎？」

我很快樂呀。她的小女兒說：「我在學校有老師教著，有書讀著，在家裡有爸媽疼著，有電腦玩著，所以我感到我很快樂。」小女孩掰著手指如數家珍，而她媽媽的思緒早已倏然飛散。

小的時候我們大概都聽過漁夫的故事：說的是一個旅遊者在海邊遇到一個躺在沙灘上曬太陽的漁夫，就問說：「你為什麼不出海去捕魚？你可以捕很多魚，然後賣掉，買一艘大船回來。」「買了大船回來怎麼樣？」漁夫反問旅遊者。「買了大船你就可以捕更多的魚呀，然後繼續賣掉，等賺了很多錢以後，你可以買一座很大的莊園，置一大片肥沃的田產，娶一個漂亮的太太，雇許多的僕人……」漁夫說：「再然後呢？」「你就可以舒舒服服躺在這裡睡覺了。」

「那你看我現在正在幹什麼呢？」漁夫笑眯眯地望著遊客說。

這裡想說的是，也許漁夫心中的快樂底線，僅僅是能滿足現實的心理需求：我快樂，所以我快樂，就是這樣。知足者常樂和不知足者常樂，並無絲毫的相悖，只不過雙方立論的快樂底線不同罷了。

伊朗有部電影《天堂的孩子》裡，主人公小阿里一心只想跑第三名，以拿到心中想要的獎品，一雙鞋子，因為他想讓妹妹每天穿著它，而不是光著腳去上學。

在開始正式比賽的時候，他途中雖被別人推倒了，但他又爬起來再跑，情急之下竟然衝到了第一名。

當老師欣喜若狂地祝賀他，主辦單位的大官和他合影時，小阿里竟然難過的流下了眼淚。雖然冠軍能夠得到更豐盛的獎品，但卻不是小阿里最需要的，他不但沒有得到原來想要的鞋子，而且連僅剩的一雙鞋子也跑壞了。在那個百味雜陳的時刻，換了你也許會想，能夠擁有最急需要的就是最快樂的。

作家史鐵生寫道：「生病的經驗是一步步懂得滿足。發燒了，才知道不發燒的日子多麼清爽。咳嗽了，才體會不咳嗽的嗓子多麼舒服。剛坐上輪椅時，我老想，不能直立行走豈不把人的特點搞丟了？便覺天昏地暗，又生出褥瘡，一連數日只能歪七扭八地躺著，才能想到端坐，日子其實多麼晴朗。後來又患尿毒症，經常昏昏然不能思考，就更加懷戀起往日時光，任何災難前面都可能再加上一個『更』

字。」

一位美國老師給他的學生講過一件讓他們終身難忘的事。

「我曾是個多慮的人，」他說道，「但是，一九三四年的春天，我走過韋布城的西多提街道，有個景象掃除了我所有的憂慮。事情的發生只有十幾秒鐘，但就在那一剎那，我對生命意義的瞭解，比在前十年中所學的還多。這兩年，我在韋布城開了家雜貨店，由於經營不善，不僅花掉所有的積蓄，還負債累累，估計得花七年的時間償還。我剛在星期六結束營業，準備到商礦銀行貸款，可以到坎薩斯城找一份工作。我像一隻鬥敗的公雞，沒有了信心和鬥志，突然間，有個人從街的另一頭過來。那人沒有雙腿，坐在一塊安裝著溜冰鞋滑輪的小木板上，兩手各用木棍撐著向前行進。他橫過街道，微微提起小木板準備登上路邊的人行道。就在那幾秒鐘，我們的視線相遇，只見他坦然一笑，很有精神地向我打招呼，我望著他，體會到自己何等的富有。我有雙腿，可以行走，為什麼卻如此自憐？這個人缺了雙腿仍然能快樂，我這個四肢健全的人還有什麼不能的？我挺了挺胸膛，本來預備到商礦銀行只借一百美元，現在卻決定去借兩百美元。本來想說我到坎薩斯城想找份工作，現在卻有信心的說，我要到坎薩斯城去找一份工作。結果，我借了錢，找到了工作。」

現在，我把下面一段話寫在洗手間的鏡面上，每天早上刮鬍子的時候都念它一遍。「我悶悶不樂，因為我少了一雙鞋，直到我在街上，見到有人缺了兩條腿。」

人的一生總會遇到各式各樣的不幸，但快樂的人卻不會將這些放在心中。所以，快樂是什麼？快樂就是珍惜已經擁有的一切。

當我們在茫茫紅塵中奔走，陷在名與利的泥潭裡不能自拔時，驀然回首，才發現真正的快樂恰恰就在出發的原點，而當初我們卻堅信它在更遠的遠方！

給自己的快樂畫一條底線，我們才會從最平常的日子，最瑣碎的事情裡品嘗到快樂的滋味。

8 禍出「不知足」

世間的萬事萬物，本來是用來培養孕育生命的，但是，偏偏有些人因為貪求，過多地享受萬物而使之成為了損耗他們生命的禍根。保持自我真性，不陷於貪慾和相爭，這或許不合時宜，但是應該說是明智之舉。因為，見利而忘真性，往往就是禍患的開始。《莊子．山水》有這樣的寓言：莊子到雕陵的栗園遊玩，被一隻翅膀七尺寬的鵲鳥碰到額頭，他就拿起彈弓去擽。在園中，他看見正得意鳴叫的蟬被螳螂所縛，而螳螂因有所得而忘了自己，又被鵲鳥乘機攫取，鵲鳥只顧貪利也不再注意身後。

莊子就警惕而嘆，扔下彈弓回去了，管園子的跟在身後責罵他偷了栗子。

莊子三天悶悶不樂。弟子問他說：「先生為什麼悶悶不樂呢？」

莊子回答說：「我為了守形體忘了禍患，觀照濁水反而被清淵迷惑，忘了真性，所以管園子的人辱罵我，因為這才悶悶不樂。」

莊子告訴我們，慾是禍患的根源。在求得利益自以為有福降臨時，往往也會埋下禍患的根由。一味追求利，不論開始如何得意，最終必自取其辱。

對此，莊子還講過這樣一個典故：河邊一個貧窮人家的兒子，一次潛入深淵，得到千金的珠子。他的父親說：「拿石頭砸爛它！千金的珠子，一定是在九重深淵，得到千金的珠子，一定是龍在睡覺。等到龍醒來，你就要被吞食無遺了！」

莊子這裡所講的，是福與禍的關係。這還不是自然之道，因為這僅有禍患，談不上患過福至。在道家認為，只有一切順應自然之時，福與禍的到來才屬於自然之功。老子說：「禍兮福所倚。」這是說天降而非人為的福禍，是相互轉換的，這種相生相依的轉換才可稱之為道。

《淮南子》是西漢淮南王的門下所作，與《呂氏春秋》相類似，也是具有春秋戰國時所謂雜家性質的一本書。書中所記的一則故事與道家的主張很為相合：

有戶人家住在離邊塞不遠的地方，主人是一個愛好騎馬而技術不算高明的人。一次，他的馬跑到塞外去了。鄰人們都替他惋惜，他父親卻說：「怎知道這不會成為一件好事呢？」

過了幾個月，那匹馬又跑了回來，而且還帶了一匹匈奴駿馬。鄰居過來表示慶賀，他父親說：「怎知道這不會變成一件壞事呢？」

家裡有良馬，主人又喜歡騎，結果禍就來了：墜馬摔傷了腿。鄰人們都來慰問，他父親又說：「怎知道這不會又成為一件好事呢？」

過了一年，匈奴兵大舉入侵，附近青壯年大都戰死荒郊，主人卻因跛腳未能出征，得以保全了性命。

應該說，這個故事的確道出了事物的相互轉化之理。這種觀點，不僅能使人忍受一些折磨而不煩惱，而且也破除了人生好運壞運、禍與福的執迷。

處於禍時不驚恐，處於福時不自得，這種因自然物理轉化而得出的處世之道，即使在現代社會也是值得借鑒的。

《菜根譚》中，有這樣一句話：「分金恨不得玉，封侯怨不授公。」

是的，對於有的人來說，對金錢、享樂的追求，有著無限的貪心，就像大海一樣，簡直看不到邊際。今天撈到一萬，明天想撈到三萬、五萬，後天還想撈到八萬、十萬……這樣下去，哪有不倒楣的，還說什麼快樂、幸福？

因此，在追求物慾途中的人們，務必應該停下來，仔細想一想：一個腦子裡都是錢、錢、錢的人，一個心靈裡都是貪、貪、貪的人，仍然能得到安樂，這是天下絕無此事，人間也絕無此理。在人類歷史上，存在著成千上萬個貪慾惡性發展而身敗名裂者的墳墓，他們之所以遺臭萬年，並不是因為他們不該來到滾滾紅塵裡，而是因為他們讓貪婪之心膨脹起來，這難道不正是人生歷程上的一條既深刻又沉痛的教訓嗎？

9 不作無謂的比較

實際上，要真正做到知足，也非易事。最關鍵的是要保持心理平衡，不要盲目攀比。俗話說，比上不足，比下有餘，自己有工作、有房子，妻兒安康，這才是最重要的，無謂的攀比，只會增加不必要的煩惱，從而導致心理失衡，甚至因此而惹禍。心理平衡是一種理性平衡，是人格昇華和心靈淨化後的崇高境界，是寬宏、遠見和睿智的結晶。做到心理平衡，首先要正確的對待自己。人貴有自知之明，「知人者智，自知者明」，明比智更難。其次是正確的對待他人，再來就是要正確的對待社會。做到這三個正確的對待，就能保持永遠快樂的心境。

有一位愛比較的妻子對丈夫說：「我們絕對不能輸給別人，你看你的同事小王，知道他最近家中又新添了什麼？」

丈夫回答：「他最近換了一套新家具。」

太太說：「那我們也要換套新家具。」

丈夫又說：「他最近買了一輛新車。」

於是太太又說：「那你也應該馬上買一輛啊！」

丈夫接著又告訴太太：「小王他最近……最近……算了，我不想說了。」

太太馬上大聲追問：「為什麼不說，怕比不過人家呀！快點說下去。」

丈夫便小聲的跟妻子說：「小王他換了一個年輕漂亮的妻子。」

這次太太沒有話說了。

在生活中，普遍存在著攀比的現象，這種現象是由於人們的不健康心理在作怪。每個人都有每個人的價值，每個人都有每個人的用處，適當的比較可以找到自身的不足，但什麼都要比較，人就失去了生活的樂趣。

最近，我去幾個朋友家走了一圈，每敲開一家都有進錯了門的感覺，一家比一家豪華，有的家裡面裝修得就像是五星級賓館。那天，我去小趙的家裡，剛推開門，就見小趙正在大興土木，他說他還要安最好的吊燈，買幾十萬元一套的家具。

我說，那你裝修要花多少錢。他說，大概要花三百萬。我知道他每個月的薪水不過

四、五萬塊，我就問他為什麼要這樣裝潢，他說他明年要結婚，他的未婚妻說，房子的裝潢一定要在親朋好友之間是最好的，否則就要推遲婚期。小趙對我苦笑著說，沒辦法，他現在是打腫臉充胖子，裝潢花的錢都是借來的，無論如何他都要在明年結婚。

他說他的女朋友交際很廣，有錢的朋友也多。她又太愛面子，不希望在朋友面前丟臉，因為現在人認為只有家裡裝潢的好才是有經濟實力的象徵，所以她就要求小趙一定要把家裡的裝潢弄得最好，這樣在朋友面前才有面子。小趙的話使我明白了，如今人們裝潢都是為了給別人看的。

俗話說：「人比人氣死人」。你越比就越不滿意，越比越覺得不如人。人們從比較中獲得心理上的公平感或者不公平感，滿足感或不滿足感，這是很正常的。但如果光是向上比，而不向下比，那麼就是越比越不滿意。不知足，永遠看不到還有比你處境差的。吃著碗裡、看著鍋裡的人會陷入攀比的不良心理的惡性循環，結果糟蹋了自己的生活。

要想做到不盲目的比較，就不要過分地去羨慕別人。過分羨慕別人常會給我們帶來更多的痛苦，但若去想想我們自己所擁有的，我們將會得到更多的感恩和幸福。

《伊索寓言》中有一個關於鄉下老鼠和城市老鼠的故事：城市老鼠和鄉下老鼠是好朋友。有一天，鄉下老鼠寫了一封信給城市老鼠，信上這麼寫著：「城市老鼠兄，有空請到我家來玩，在這裡可享受鄉間的美景和新鮮的空氣，過著悠閒的生活，不知意下如何？」

城市老鼠接到信後，高興的不得了，立刻動身前往鄉下。到那裡之後，鄉下老鼠拿出很多大麥和小麥，放在城市老鼠面前。城市老鼠不以為然的說：「你怎麼能夠老是過這種清貧的生活呢？住在這裡，除了不缺食物，什麼也沒有，多麼乏味呀！還是到我家去玩吧，我會好好招待你的。」

鄉下老鼠於是就跟著城市老鼠進城去了。

鄉下老鼠看到那麼豪華、乾淨的房子，內心非常羨慕。想到自己在鄉下從早到晚，都在農田上奔跑，以大麥和小麥為食物，冬天還要不停地在那寒冷的雪地上搜集糧食，夏天更是累得滿身大汗，和城市老鼠比起來，自己實在太不幸了。

聊了一會兒，他們就爬到餐桌上開始享受美味的食物。突然，「砰」的一聲，門開了，有人走了進來，他們嚇了一跳，飛快地躲進牆角的洞裡。

鄉下老鼠嚇得忘了饑餓，想了一會兒，戴起帽子，對城市老鼠說：「鄉下平靜的生活，還是比較適合我。這裡雖然有豪華的房子和美味的食物，但每天都緊張兮兮的，倒不如回鄉下吃麥子，活得快活。」說完，鄉下老鼠就回鄉下去了。

這則寓言使我們看到，不同個性、習慣的老鼠，喜歡不同的生活方式。即使人們都曾經對不同的世界感到好奇、有趣，但是，他們最後還是都回歸到自己所熟悉的生活環境裏。

俗話說：「知足常樂」。然而嫉妒的心理就像一根盛夏的小草，常常在不經意間瘋狂地成長，遮掩了生活中的陽光雨露，使我們陷入無邊的痛苦之中。

第四章

選擇理性，勇於放棄

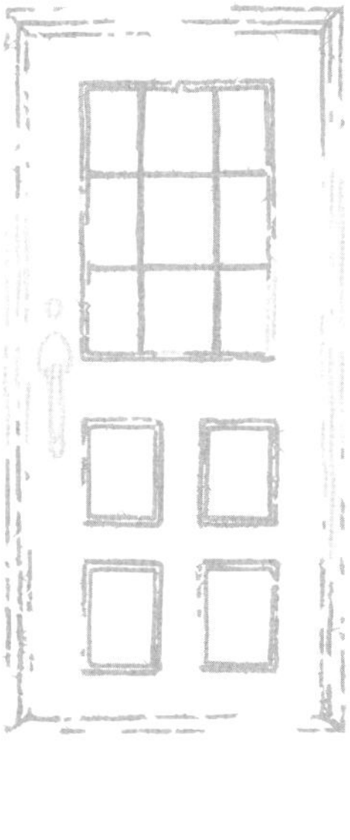

放棄，是意志的昇華，是精神的超脫，是一種境界。學會放棄的人，才是真正的大智大勇。人生其實就是一段路，從這頭走到那頭，可以哭，可以笑，卻沒有停止的理由。

放棄，不是「輕言失敗」，不是遇到困難阻礙就退卻、屈服，而是迎難而上的另一種方式。放棄遙不可及的幻想，放棄孤擲一注的魯莽，多幾分冷靜，多幾分沈著。「山窮水盡疑無路，柳暗花明又一村。」再回首時，才會發現，曾經的放棄是多麼明智的選擇。

1 適可而止，知難而退

「鍥而不捨，金石可鏤。」這是古人留下的一句著名治學格言，也是為世人推崇的成才之道。

其實，苦學不輟，持之以恆，只是一個人成才的條件之一，而其他條件，譬如機遇、天賦、愛好、悟性、體質等，也是缺一不可的。如果你研究某一學問、學習某一技術或從事某一事業確實條件太差，而經過相當的努力仍不見效，那就不妨學會放棄，以求另闢蹊徑。

比如學彈鋼琴，許多家庭都是很認真的把孩子當鋼琴家來培養的。很多夫妻認為，孩子無論如何也要讓他成就一番事業，於是省吃儉用，給孩子買了一台鋼琴，立志要培養出另一個「蕭邦」、「李斯特」，但往往忽略了孩子的興趣，最後造成親子之間得不愉快。

有道是：「成才自有千條道，何必都擠獨木橋」，比爾．蓋茲大學沒畢業，大發明家愛迪生不過才小學畢業，照樣不耽誤人家成名，你又何必一條路走到黑呢？或許，你只退這麼一步，便會海闊天空。

選對目標，就要堅持去追求，以求「功成名就」，但如果目標不適合你，或主客觀條件不允許，與其蹉跎歲月，徒勞無功，此時就要學會放棄。

人生在世總會碰到許多走不通的路，在這條路上，當你完全看不到希望的時候，你就應該仔細的思考一下，是要繼續堅持下去，還是該考慮知難而退，重新選擇另一條路呢？

諾貝爾獎得主萊納斯．波林說：「一個好的研究者知道應該發揮哪些構想，而哪些構想則應該丟棄，否則，會浪費很多時間在不對的構想上。」在人生的旅途中，你遲早發現自己會處於一種需要知難而退的情況下。你所走的研究路線也許只是條死胡同，是否應該再多做一次實驗呢？你已經投資了大量的時間與精力在一個交易或關係上，儘管盡了最大的努力，情況還是沒有好轉；你已經嘗試過了，但是除了藉口和更多的承諾外，你的努力沒有任何結果；你已經一再討論、談判、妥協了，但是關係似乎注定要走下坡路；你已經做了太多的投資，所以自然傾向不肯放棄，想要再多作努力，怎麼辦？你已經用相當的精力長期從事一種職業，但仍舊看不到一點進步，一點成功的希望，你是否還要繼續堅持下去？

我們常常形容一些頑固不化的人是「不撞南牆不回頭」，你真的要撞得頭破血流才願意放棄嗎？這個時候你應該問一下自己：以自己的目標、能力來說，自己是否走錯了路？因為有些人一開始方向就可能是錯誤的。如果走錯了路，就應該及早回頭，去尋找一條適合自己、更有希望的路。

杜邦家族之所以能保持輝煌，就是懂得知難而退的道理。一戰時，杜邦家族一直是軍火生產的大型供應商。然而，杜邦並沒有被暫時的超額利潤所迷惑，因為他深知戰爭總有結束的一天，為此，他並不執著於軍火工業，而是積極地尋求其他領域，幾經斟酌，杜邦第六任總裁皮埃爾選定了化學工業作為杜邦新的發展方向。杜邦之所以選擇化學工業，一方面是因為化學工業與軍工生產關係密切，轉產容易；另一方面是其他行業大部分已被各財團瓜分完畢，只有化學工業比較薄弱，且潛力極大。事實證明杜邦的決定是很正確的，在二十世紀五〇年代其他家族相繼衰敗時，杜邦家族以經營化工用品而發跡的家族史就充分說明了這一點。

因此當你所從事的事情一直沒有成功的希望時，那就不必再浪費時間了，不要再無謂的消耗自己的力量，而應該儘早放棄，從事別的事情。

當然，在你重新選定方向之前，一定要經過慎重的考慮，千萬不可以三心二意，沒有經過任何努力就放棄了。知難而退並不是懦弱的退卻，而是經過努力和認真思考後所做出的決定，那種沒有經過任何努力就輕易放棄的行為是不值得讚賞的。

我們每個人的時間都是有限的，有許多事情都是不值得花無數的時間去完成，在這種時候，適時的放棄才是最好的選擇。

2 人生要懂得學會認輸

股市如人生，在炒股中，我們往往能感悟到一些人生的哲理與智慧。比如，看著人家的股票直線走高，整個股市牛氣沖天，偏偏自己的幾支股卻被套牢了。想當初剛買下時也是一路上漲，本打算到一個價位就賣出，看看勢頭那麼好，就又等了幾天，誰知道後來就開始跌；只是猶豫了一下，就跌回了當初的買價。想到原本是可以賺到手的一筆，此時出手實在不甘，於是再等等，就這樣一直套了下去。

其實，如果放棄手中的，在別的股票上重新投資，以盈補虧，未必不是一個補救的辦法，何必要一直死守著呢？大勢已去時，及時回頭，該抽手時就抽手，也許早就賺回來了。

不只是炒股，生活也如此。有一個大學時的高材生，經過一段社會歷練後，以前的那股銳氣和豪情壯志自然是沒有了，他怨自己當初進錯了行業，到了一個不具有自己優勢的行業。

問他為什麼不換工作呢？他說，做了這麼多年，付出了那麼多，放棄這些再從零做起，覺得吃虧。「放棄了，以前不是白做了？」眼裡滿是「何必當初」的絕望。所以堅守，一直堅守，何況就算真的想放棄，內心還是會有換別的工作，就一定能成功的疑慮。

其實，放棄之所以難做到，是因為它看來就是承認失敗、就是認輸。在我們所受到的教育裡，強者是不認輸的。是的，人需要百折不撓，要有堅強的意志和毅力朝向目標奮鬥。

但是，奮鬥的內涵不僅是英雄不言悔、不屈不撓地對既定的目標堅定不移、忠誠不二，人生的道路還常常需要修正目標、調校方位，在死胡同堅持走到底的並不是英雄，死不認輸只會毀掉自己。

其實，學會認輸，正視自己的錯誤，清醒的審視自己，可以讓自己避免更大的損失。

劉大叔在院門口擺了一個棋攤，他立下一個規矩，凡是輸了的人，不輸金銀，但必須說一句：「我輸了」。不說也可以，但你必須從他那三尺來高的棋桌下鑽過去，以示懲罰。既然是楚河漢界，就要分個勝負，這不奇怪，奇怪的是有些人寧願鑽桌子，也不願認輸。

院裡的趙大爺，嗜棋如命，棋藝也高，只有別人向他拱手認輸，他卻從未開口說過輸字。一日，有一位棋友，慕趙大爺高名，前來對弈。趙大爺第一次遇到了對手，一連三局，趙大爺都是輸。每次輸後，他總是鐵著臉，二話沒說，就從棋桌下鑽過去。

後來有人問趙大爺：「你這是何苦呢，說一聲輸了，不就得了，為什麼要鑽桌子？」趙大爺把脖子一擰：「這輸字能輕易說的嗎？你就是砍了我的頭，我也不會說的。」

這正應了那句老話：「寧輸一壟田，不輸一句言。」可見我們很多人，只知道一味追求要贏，從來不知道認輸。其實認輸，也是人生的必修課。

學會認輸，就是承認失誤，承認差距，目的是為了揚長避短。人與人之間，智力的差距，體力的差距，技藝和知識的差距，總是存在的。明知自己臂力不如人，卻要與人家硬拚，不知後退，那就只有徹底輸掉自己。所謂「明知山有虎，偏向虎山行」，這是一種誤導，是盲目的執拗，除了以身飼虎，並不能證明你的勇敢，只能說明你的偏激和愚蠢。

人非聖賢，在生活中搭錯車的事，總是難免。但當我們發現自己搭的車，與自己目的地方向不對時，就應該馬上下車。如果你不承認錯，硬要一條道路走到底，那只能南轅北轍，距你的目的地更遠，吃的苦更多。像趙大爺那樣，不肯認輸，那就只有鑽桌子。

學會認輸，也是讓你面對現實，回到原來的起點，另起爐灶。比如我們當初擇業不慎，進錯了行業，既不能揚己之長，又沒有發展前途，那就要調整好思路，另謀發展。

因為生活中不如人意的事情會經常遇到，當你在經營和進行的過程中，已經發現走到了盡頭，沒有任何轉機的可能，那就認輸吧。該放棄的就得放棄，該下車時就及時下車，不要迷信車到山前必有路。應該相信，回頭是岸。不吊死在一棵樹上，這才是明智的選擇。

認輸是人生的必修課。人的生命有限，知識有限，輸是必然，贏是偶然；學會認輸，就是面對生活的真實。

因此，想成為真正的強者，必須要學會認輸、學會放棄。放棄了才能重新來過，才有機會獲得成功。拿得起，也要放得下；反過來，放得下，才能拿得起。荒漠中的行者知道什麼情況下必須扔掉過重的行囊，以減輕負擔、保存體力，走出困境而求生。如果知道自己拿到的是一手爛牌，就不要希望這一盤會是贏家。

當一項投資的失敗成為不爭的事實，要及時放棄，將損失控制在最小的範圍，實際上是當時最好的「盈利」。雖然沒有絕對值上的盈利，但是，卻不會繼續加大損失。所以，聰明的炒股人會設定一個停損點，到了這個點，就停止繼續追加投資；所以，會有「割肉」、「斷臂」、甚至「腰斬」等等。所以，不僅要果斷買入，也要及時地賣出，投資如此，人生更是如此。

像人的生命一樣，產品也有生命週期，分別為：投入期、成長期、成熟期、衰退期。當產品走入衰退期時，企業要做的是什麼呢？一廂情願的等待市場轉機、拚命的去推銷它，還是及時分析市場，調整產品戰略，開發新產品？有時候，人們對當初為自己帶來過巨額收益的產品總會戀戀不捨，希望奇蹟能發生，期盼風光能再現。然而，過去的好時光是不會重現的。

總之，學會認輸，就是清醒地審視自己，避免更大的損失，也就是糾正錯誤，重新開始，讓你踏上正確的人生之旅。

3 該放手時就要放手

人生中很多事情的失誤甚至是失敗，不是在於你該追求的時候沒有去追求，而往往是在於你該放手的時候沒有放手。該追求的時候，意味著要抓住時機，在這樣的情況下，人往往能及時果斷，但是在該放手的時候，往往是意味著你的一些擁有將不得不失去，意味著在一定程度上的放棄，所以這樣的情形，人往往就容易瞻前顧後、反覆思量，最終可能就失去了關鍵的時機。

一個早晨，媽媽正在廚房清洗早餐的碗盤。她有一個四歲的孩子，獨自在沙發上玩耍。不久之後，媽媽聽到孩子的哭啼聲。究竟發生什麼事呢？媽媽沒來得及將手擦乾，就跑到客廳去看孩子發生什麼事。

原來，孩子的手伸進了放在茶几上的花瓶裡，由於卡住，所以手拔不出來，因此在哭。母親用了許多的方法，想把卡住的手拔出來，但都不得要領。

媽媽開始著急了，她稍微用力一點，小孩子就痛得哇哇大哭。在無計可施的情況下，媽媽想了一個下策，就是把花瓶打碎。可是她內心很猶豫，因為這個花瓶價值不菲，不過為了孩子的手能夠趕快拔出來，這是唯一的辦法。結果，她忍痛將花瓶打破了。

雖然損失不菲，但兒子平平安安，媽媽也就不太計較了。她叫兒子將手伸給她看看有沒有受傷，雖然孩子沒有任何的皮肉外傷，但他的拳頭仍是緊握住似的無法張開。是不是抽筋呢？媽媽再次驚惶失措。

原來小孩子的手不是抽筋，他的拳頭張不開，是因為他緊握著一枚硬幣。他是為了撿這枚硬幣，而不願意鬆開拳頭，所以手才會被花瓶卡住的。

感情的事，也是如此。

你(妳)曾為他(她)做的事，當時的你(妳)覺得是多麼的天經地義；但現在，你(妳)卻感到荒謬之極。盲目是幸福的，只要盲目能維持一生一世。問題是，有一天，你(妳)和他(她)都會發現自己被感情問題卡住了，動彈不得。

問題出現了，你(妳)煩得天都要塌下來。你(妳)希望尋求方法解脫，但全都徒勞。別人說：「問題不是你(妳)所想的那麼複雜，只要你(妳)肯放手就能解決了。」可是你(妳)卻偏偏不肯放手。

這時，你(妳)不會想：「這樣值不值？」你(妳)只會自問：「我還愛不愛他(她)？」只要是愛，你(妳)覺得再沒有什麼好猶豫的，你(妳)會很努力去解決彼此之間的問題。你(妳)一直守下去，你(妳)不會放手。

其實，有時放手就能立刻解決問題，只是大家都在逃避這個事實。你(妳)寧願受著束縛，也不願解脫。「這段感情值得這樣繼續耗下去嗎？」你(妳)的朋友會勸你(妳)放手。

你(妳)不相信，這份愛只是一枚硬幣。你(妳)忍痛執著這份感情，不惜代價，消耗了許多眼淚，虛度了不少的歲月，粉碎了很多機會。

該放手的時候，不是叫你(妳)放手一搏而力求挽回，該放手的時候是在兩難之中合理的做出取捨。魚與熊掌兩者都能兼得當然最好，但是事情往往沒有想像中的那麼美好，在二選一的情況下，你只能追求適合你自己的。所以，當面臨選擇時，我們必須學會放棄，放棄，並不意味著失敗。

像下圍棋一樣，小的利益雖然放棄，得到的卻是更大的利益。但如果想兼得「魚與熊掌」，最後恐怕二者都得不到。

4 學會接受「失去」

從前有一位神射手，名叫后羿，他練就了一身百步穿楊的好本領。夏王聽說了這位神射手的本領，也目睹過后羿的表演，十分欣賞他的功夫。

有一天，夏王命人把后羿召入宮中來，單獨給他一個人表演一番，好盡情領略他那爐火純青的射技。於是，帶他到御花園裡找了個廣闊地方，叫人拿來了一塊一尺見方、靶心直徑大約一寸的獸皮箭靶，用手指著箭靶說：「愛卿，今天是想請你展示一下你精湛的射箭技術，這個箭靶就是你的目標。為了使這次表演不至於因為沒有競爭而沉悶乏味，我來給你訂個賞罰規則：如果射中了，我就賞賜給你黃金萬兩；如果射不中，那就要削減你一千戶的封地。現在開始吧。」

后羿聽了夏王的話，一言不發，臉色變得凝重起來。他慢慢走到離箭靶一百步的地方，腳步顯得相當沉重。然後，后羿取出一支箭搭上弓弦，擺好姿勢拉開弓開始瞄準。但此時，想到自己這一箭射出去可能發生的結果，一向鎮定的后羿呼吸變得急促起來，拉弓的手也微微發抖，瞄了幾次都沒有把箭射出去。最後，后羿終於下定決心鬆開了弦，箭應聲而出，「啪」地一下射在離靶心有幾寸遠的地方。

后羿收拾弓箭，勉強露出笑容向夏王告辭，悻悻然地離開了王宮。夏王在失望的同時，掩飾不住心中的疑惑。於是有人跟夏王解釋說：「后羿平日射箭，不過是一般練習，在一顆平常心之下，水平自然可以正常發揮。可是今天他射出的成績直接關係到他的切身利益，叫他怎能靜下心來充分施展技術呢？」

可見，患得患失，過分計較自己的利益，將會成為我們獲得成功的障礙。所以，做人要學會接受失去！要知道，人的一生，有得有失，有盈有虧，整個人生就是一個得而復失的過程。

有人說得好，你得到了聲譽或高貴的權力，同時也失去了做普通人的自由；你得到了事業成功的滿足，同時就失去了眼前奮鬥的目標。我們每個人如果認真地思考一下自己的得與失，就會發現，在得到的過程中也確實不同程度地經歷了失去。

俄國偉大詩人普希金在一首詩中寫道：「一切都是暫時，一切都會消逝；讓失去的變為可愛。」居里夫人的一次「幸運失去」就是最好的說明。一八八三年，天真浪漫的瑪麗亞（居里夫人）中學畢業後，因家境貧寒沒錢去巴黎上大學，只好到一個鄉紳家裡去當家庭教師。她與鄉紳的大兒子凱西密爾相愛，在他倆計畫結婚時，卻遭到凱西密爾父母的反對。雖然知道瑪麗亞生性聰明，品德端正，但是，貧窮之女怎麼能與自己家庭的錢財和身分相配呢？最後，凱西密爾屈從了父母的意志。

失戀的痛苦折磨著瑪麗亞，她曾有過「向塵世告別」的念頭。瑪麗亞畢竟不是平凡的女人，她放下情緣，刻苦自學，並幫助當地貧苦農民的孩子學習。這一次「幸運的失戀」，就是一次失去。如果沒有這次失去，她的歷史將會是另一種寫法，世界上就會少了一位偉大的科學家。

對善於享受心情愉悅的人來說，人生的藝術只在於進退適時，取捨得當。因為生活本身即是一種悖論：一方面，它讓我們依戀生活的饋贈；另一方面，又注定了我們對這些禮物最終的棄絕。正如前人所說：「人生在世，緊握著雙拳而來，平攤著兩手而去。」

人生竟是如此的神奇，這神奇的土地，分分寸寸都潤於美之中，我們當然要緊緊地抓住它。這一切我們是知道的，然而這一切，又常常只是在回顧往昔的時候才被人覺察，而當一旦覺察，那樣美好的時光已是一去不復返了。凋謝了的美，逝去了的愛，銘記在我們的心中。生活的饋贈是珍貴的，只是我們對此留心甚少。人生真諦的要旨是：告誡我們不要只是忙忙碌碌，以致錯失掉生活的可嘆、可敬之處。虔誠地恭候每一個黎明吧！擁抱每一個小時，抓住寶貴的每一分鐘！

不要枉費了你的生命，要少追求物質，多追求理想。因為，只有理想才能賦予人生的意義，只有理想才使生活具有永恆的價值。

5 有所失必有所得

在現實生活當中，我們做任何事情都會不自覺地考慮其最終的結果會是什麼；是得到的多，失去的少呢？還是與之相反。

鑒於每個人對生活、對人生、對幸福、對得失等的不同理解，也就會有因人而異衡量得失的不同尺度，無論大家的衡量標準是如何不同，有一點卻是相同的，即得到的最好是能多過失去的。

現在網路大部分的家庭都有安裝，縱觀所有的上網者，其中人數最多的是年輕人，而佔比例最大的又當屬學生（其中大學生佔多數）。

我們常常聽到網友們有這樣的感嘆：上網真的浪費了我太多的時間、金錢、精力乃至感情，就連學業也荒廢了……在網上也幾乎天天都聽到有網友在說：我要離開聊天室，不上網了，上網浪費了太多的時間和金錢……也有的說：網路真的很害人，讓我吃睡不香，讓我做什麼都沒有心思，一心只想到網上來和朋友們聊天、到各個網站上找自己感興趣的東西……特別是那些有過網戀但最終又以失戀而告終的人，大部分在抱怨網路令他們付出了太多、失去了太多而最終卻什麼也沒有得到，留下的只是一份傷心、失落、痛苦和遺憾的同時，也會發出痛苦的喊：我這一次是真的要戒，網路帶給我太多的痛苦和無奈，也浪費了我太多的感情……

可是好好想一下，你真的什麼也不曾得到嗎？聊天時的輕鬆，見到好友聊得熱火時的興奮，在網上不必偽裝盡情放鬆自己與朋友海闊天空時的欣喜，通過網路跟任何一個在生活中，也許永遠也不可能相遇的人成為知己時的欣慰，想念某一個網友卻真的在某一個可以聊天的地方相見時的那份激動和喜悅……這些難道不是你曾經在網上所擁有的嗎？

某電視節目對一個成功的商人進行專訪，他說：「對於朋友而言，如果太計較個人的得失，他（她）將很難有真正的好朋友或是知己，作為一個商人，如果太計較眼前的金錢或是利益的得失，他（她）就很難真正地、長久地成為一個成功的人。」他還說：「我做生意，常常會把一些跟我的生意不相干的業務介紹給我的客戶，或是把因為我自己太忙做不完的業務給我的同行去做，這樣在別人看來很傻，哪有把自己的生意讓給自己的競爭對手做的？可是，他們卻不知道當我在幫別人時，我看似失去了賺更多錢的機會時，我其實是在幫我自己，一旦得到過我幫助的客戶有了一筆跟他不相干卻對我生意有利的業務時，他就會把這筆生意介紹給我來做；一旦我的同行也有做不完的業務而我卻沒有業務時，他同樣會想到我曾經幫過他，這回他也要幫我一把，所以把做不完的業務讓給我而不是別人。這就是所謂的，種瓜得瓜，種豆得豆……。」這看似很平常的一番話卻體現出這位商人是多麼的有智慧，他的成功正是在於他懂得怎麼樣衡量得和失。

其實，得和失是相輔相成的，任何事情都會有正反兩個方面，也就是說凡事都在得和失之間同時存在，這是一個相對立的關係，也是永遠相聯繫的一個關係，在你認為得到的同時，其實在另外一方面肯定會有一些東西失去的，而在失去的同時，也一定會有一些你意想不到的收穫。

做人也是一樣，大家有緣相識相交，本來就是一種很難得的緣分，只要大家合得來，且在一起相處很開心，那麼就不必太計較自己是不是付出太多而得到太少，我寧可別人欠我而絕不願意自己虧欠別人。就算是真的付出太多而得到太少，最起碼我的心裡可以很坦然，況且有許多表面上看起來是得到的，可是說不定也正是失去另外一些東西的前因呢。

得和失永遠並存的，這是一對永遠也不可以分開的親兄弟，關鍵是你如何掌握住機會，如何正確看待得和失這一辯證關係，讓自己在失去什麼的同時得到比失去更多的好東西。

其實握在手裡的不一定是我們真正擁有的，我們所擁有的也不一定是我們真正銘刻在心的！有位記者曾經採訪過一位事業成功的女士，請問她成功的秘訣，她的回答是：放棄。她用她的親身經歷對此做了最具體生動的敘釋：為了獲得事業成功，她放棄了很多很多如：優裕的城市生活、舒適的工作環境、數不清的假日、身體健康……

當提議朋友們一起聚會或旅遊時，我們常常會聽到朋友的抱怨：唉，有時間時沒錢，有錢時又沒有時間。其實，人生是不存在一種很完滿的狀態的，你只能在目前的情況與條件下做出你自己的決定。當你想著等待更好的條件時，也許你已經錯過了機會。

該放棄時一定要放棄，不放下你手中的東西，你又怎麼會拿起另外的東西呢？造物主不會讓一個人把所有的好事都全佔，有所得必有所失。從這個意義上說，任何獲得都是以放棄為代價的。人生苦短，要想獲得越多，自然就必須放棄越多，不懂得放棄的人往往不會幸福。曾聽朋友說起過他們公司的一個女人的故事，她年逾不惑仍沒有結婚，並不是她不想結婚，也不是她條件不好，而是她錯失太多的機會，因為她沒有遇到理想中的白馬王子。

放棄某個心儀已久卻無緣分的朋友；放棄某種投入卻無收穫的事；放棄某種心靈的期望；放棄某種思想，這時就會生出一種傷感，然而這種傷感並不妨礙我們去重新開始，另外找時間將音樂重聽一遍，將故事再說一遍！因為這是一種自然的告別與放棄，它富有超脫精神，因而傷感得美麗！

6 兩害相權取其輕

很久以前，一位獵人在叢林裡放置了很多的捕獸夾，專門來捕捉老虎。有一隻老虎運氣不佳，牠早上一出來就踩到了獵人佈下的捕獸夾，只聽啡嗒一聲，牠的一條後腿被牢牢夾住了。

由於捕獸夾是專門為捕捉老虎訂做的，用的都是上好的鐵，非常堅固，這隻老虎想盡了一切辦法也無法掙脫。

「我難道就這麼坐等著獵人來捉住我嗎？」老虎想。

牠當然知道，如果落到獵人的手裡，將面對的是被剝皮的下場。

「不行，我必須放棄這條腿，來保住我的生命。」老虎對自己說。

然後，牠抬起沒有被夾住的那條腿，用力的向大樹蹬去。又是啡嗒一聲，被夾住的腿掙斷了，老虎得以逃脫，雖然沒有了一條腿，但畢竟比送命強多了。

幾個月後，老虎的傷口癒合了，雖然沒有先前威猛，但還是能捕捉到一些弱小的動物。

捨棄一條腿而保全身，這隻老虎難道不值得我們學習嗎？

其實，自然界中的很多動物都有這樣的求生本領，當被某種捕獵工具補到後，牠們會先努力設法掙脫，當這樣努力無效時，牠們便會放棄被夾到的那部分肢體以求逃脫。因為牠們知道，對牠們來說更重要的是生命。

對我們人類來說，當損失不可避免的發生時，也應該權衡利弊，當機立斷捨棄小的利益。患得患失不僅無助於損失的挽回，反而只能使自己丟掉更大的利益，這就是兩害相權取其輕。美國通用電氣的前CEO傑克．韋爾奇就是這樣做的。

一九八一年開始，韋爾奇一共投資了五億美元到工廠自動化系統。在韋爾奇上任約翰斯當權的時代，通用電氣就深受自動化之惠。當時，通用電氣是美國極少數最早在工廠內使用電腦機器人等自動化設備的企業之一。自動化技術的投入使用，使通用電氣的勞動生產率大幅度提高。

從自身的經驗推至全美及全球的市場，韋爾奇非常看好這是一個大市場。他信心十足地認為，通用電氣只需將生產出來的自動化設備，直接銷售給各個企業的總裁就行了。他甚至樂觀地估計，到一九九〇年，自動化設備的市場規模將可達九百億美元。

因此，韋爾奇趁勢拍板買下了卡爾馬和英特絲爾兩家專門製造電腦輔助設計儀器和半導體的工廠，來擴充通用電氣自動化的實力。

韋爾奇尤其對卡爾馬寄予厚望。韋爾奇於一九八一年二月買下卡爾馬。當時，它在電腦輔助設計方面佔有第二大的美國市場，它所提供給零件設計師、線路設計師和建築師的軟體和硬體深受歡迎。

對此，韋爾奇決定錦上添花，進一步擴張市場，不惜降低價格在行銷上大量投資。成效顯著呈現，銷售額和市場佔有率一併大幅度提高。然而好景不常，首先是卡爾馬的幾名高級經理及身懷絕技的工程師倒戈投入競爭對手的懷抱，使通用電氣在管理和技術上出現缺口。接著，通用電氣推出的新產品品質也出現問題，因此，到了一九八三年底，自動化業務已陷入困境。一九八五年，卡爾馬喪失了近一半的市場佔有率，排名由原來的第二名降到第十一名。韋爾奇總結這個工廠自動化計畫失敗的原因，認為主要是新產品上市過於倉促。

比如，一九八三年，通用電氣推出一種新產品，是新型的數位化控制機器人。這種機器人設計頗為先進，機器人的所有動作都可以由電腦螢幕控制，並在發生意外的潛在階段自動會發出警報。

不幸的是，因為過於倉促，這種機器人上市時，不少電腦程式軟體的毛病都還沒有消除。因此，顧客怨聲載道，通用電氣因此聲譽大跌，連帶導致這種機器人在這一年的銷售就跟著大跌二〇%。這類產品的虧損幾乎達到五千萬美元。韋爾奇不得不承認這是管理執行上的失誤。

事已至此，韋爾奇只好升白旗繳械投降。他當機立斷，將買進僅四年卻讓通用電氣損失了一億多美元的卡爾馬和英特絲爾兩家工廠賣掉。剩下的自動化業務則納入後來轉虧為盈的新的合資業務，合資夥伴則是日本的法努克。

通用電氣的董事們談到這件事，並沒有指責韋爾奇。相反，很讚賞韋爾奇承認錯誤，勇於承擔責任，並能果斷迅速地撤回錯誤的投資，使損失儘量減少至最低的做法。他們這麼形容韋爾奇：「韋爾奇每天都會檢討自己，他會很願意的說：「我知道我昨天是要你那樣做的，但是我知道我錯了。現在我有新的市場訊息，環境在變化，我們需要重新修正方向。」這種認錯的態度對公司的影響十分巨大，大多數的企業領袖很難做到這一點。

傑克．韋爾奇是因為市場的原因忍痛割捨了卡爾馬和英特絲爾兩家工廠，而霍英東則是在英、美兩國的聯合下，為了保全大局，才壯士斷臂，賠錢賣掉了地產「星光行」。

星光行（當時的名稱是九龍商業大廈）是霍英東集團和另外三個集團合資，組成九龍置地公司，於一九六二年開始興建的，其股東除霍英東外，還有何添、關啟明、鍾明輝等人。整棟大廈共投資三千萬港元，這在當時，算是一項非常大的地產專案，其中霍英東個人承擔七百五十萬，即總投資的1／4，其他三個財團也各占1／4。但當中，九龍置地公司向滙豐銀行貸款一千萬元，這筆貸款以霍英東的名義擔保，即霍英東總共投進一千七百五十萬元。

當時，霍英東財力雄厚。他說：「在銀根上，我是基本沒有問題的。當時我承諾過，如果滙豐銀行要我們清還一千萬元的債項，我亦即時可以拿出來。」

按照霍英東他們的計畫，星光行主要用於收租。星光行位於尖沙咀海邊，位置極佳，開始時有不少商戶租用，其中一個較大的租戶就是中藝公司。中藝以經營中國工藝品為主，有中資背景。當時，中英關係正處於歷史低潮，港府正處處限制中資企業的發展，故霍英東把星光行租予中藝，自然被港英視為親中的表現。

霍英東萬萬沒有想到，把星光行出租給中藝竟然會惹禍上身。港英當局向霍英東施壓，封殺他的生存空間。歷史上，由於朝鮮戰爭時期的經歷，霍英東的公司也被美國政府列入黑名單。於是，英、美兩國從星光行入手，聯手向霍英東施予壓力。

首先，美國駐香港領事將星光行列入黑名單，明確宣布所有星光行的租客都不能買賣美國貨，就連美國製造的那些收銀機也在禁售之列。如此一來，對租用星光行的商戶極為不便。

美國領事這一招果然奏效，不少租客戶對星光行望而卻步，或要求低價租用。霍英東決定將租價大幅度降低，因為他算過，若以這個價錢把整棟星光行出租，只要熬過七年，就可賺回所有投資。

降低租金的決定一做出，果然吸引了不少商戶來參觀、租用。誰知，這時候香港電話公司給各個有意租用星光行的商戶打去電話，「忠告」他們：最好不要租星光行，如果租下來，接通電話可能遙遙無期。

做生意的人哪敢和政府作對？並且，沒有電話，生意如何做？結果，有意租用者個個慑於政府的壓力，都不敢租用；連那些已經交了租金的商戶也紛紛退租，連租金也不要了。偌大的星光行，一時間門可羅雀，冷冷清清。在商場打滾多年、見慣風浪的霍英東，而對英、美的聯手，也無計可施了。霍英東和幾個股東商量後，決定出售星光行。但當時正是香港地產市道處於歷史低潮時期，投資者都因為香港前途不明朗而不敢貿然買樓，因而大樓有行無市。

事實上，霍英東當時確實曾有意獨資買下星光行，因為他仍然看好香港未來的地產市道。至於後來放棄，原因是：他很清楚，若自己獨資購下星光行，英、美方面也絕不讓自己有好日子過。

這時，英資的置地公司窺準機會，找到霍英東，提出以三千七百五十萬港幣收購星光行。置地是香港最大的外資地產公司，其母公司怡和以販賣鴉片到中國起家，是香港最大的英資公司之一。

在地產市道一片蕭條的情況下，三千七百五十萬是一個可以接受的價錢。為減少損失，霍英東於是同意以這個價錢賣給置地。其實，以霍英東當時的名望和關係，要找一個買家並非難事。但是，即使把星光行賣給自己選擇的買家，霍英東仍然有一個顧慮。原來，霍英東當時有兩家設在珠城的戲院，所放映的電影都是向美國的米高梅等八大電影公司購進的；若美國繼續向他施壓，則戲院的片源就有問題，兩間戲院就難以生存，而其他問題也可能接踵而來。

置地買下星光行的不久，香港局勢趨於平靜，地產市道也逐漸復甦，到了一九七〇年，中區地王竟以二億五千八百萬港幣成交，創當時香港和世界地價的最高紀錄；而星光行也在短短時間內全部租清。置地乘人之危，大賺一筆，而霍英東卻損失慘重，事後還不時扼腕長嘆！

星光行事件之後，霍英東仍然看好地產市道的前景，並沒有因為在星光行事件中受挫而停止。他在地產仍然疲軟時，還是把大量資金押在地產市道上。一九六八年，他斥資發展康寧道二十四號第一期工程；一九六九年，發展維多利亞大廈、康寧道四十八—五十二號第二期工程、銅鑼灣道八十二號工程；一九七〇年，斥資一百四十萬買下薄扶林沙宣道三十三號豪宅，並發展缽甸街工程；然後，又將資金投放於軒尼詩道、天后廟道一帶的物業。

但是，由於港英政府有意封殺霍英東的發展空間，所以一九六七年之後的霍英東，雖然也在地產市場有些投資，但與一九六七年之前在地產界縱橫叱吒的勢頭相比，根本不能同日而語。霍英東迫於無奈，已經改變投資策略，以退為進，步步為營，並逐漸淡出香港的地產市場。

事實上，經過一九六七年的地產低潮之後，當時在香港，霍英東仍然可以說得上是手頭資金最為充裕、實力最為雄厚的地產商之一。也就是說，他從那時起，逐漸淡出地產市場，「非不能也，是不為也」。

相反，當霍英東逐漸淡出香港地產界之時，香港一些華資地產商卻乘勢而起。由於一些英資財團對香港前途缺乏信心，沒有做長遠發展的打算，因而未能充分利用其擁有的龐大土地和雄厚財力自行發展，而是傾向於將土地出售。一些華資商人，如郭得勝、李兆基、李嘉誠、胡應湘、鄭裕彤等，乘機大戰地產市場，並大有斬獲，業績斐然，財富劇增，成為香港地產行業的中流砥柱；連同原有的華資集團，到了二十世紀七〇年代初期，華資地產商已強大到足以與英資分庭抗禮。而霍英東，卻只能眼巴巴地看著郭得勝、李嘉誠、李兆基等人，興建一個又一個屋村，大發其地產財。

不少人因此感嘆說：「若不是港英政府與美國政府聯手施壓，則當今香港十大地產商之首，極有可能是早在五、六十年代就執地產業牛耳的霍英東！」

不過，霍英東賣掉星光行的做法也是兩害相權取其輕，如果他強硬到底，只會招來英、美更大的報復，不但星光行保不住，自己的霍氏集團也將岌岌可危，孰輕孰重，一目瞭然。

7 拿得起，放得下

人們常說一個人要拿得起，放得下，而在付諸行動時，拿得起容易，放得下難，所謂放得下，是指心理狀態，也就是我們常說的要敢於放棄，就是遇到千斤重擔壓心頭，也能把心理上的重壓卸掉，使之輕鬆自如。

放棄不是頹廢，不是低頭，而是一門學問。人生在世，忙忙碌碌，疲於奔波，我們常常被強烈的願望所驅趕，不敢停步，不敢懈怠也不敢輕言放棄。背上包裹越來越多，越來越沉，而我們什麼都不願放棄，因而，當收穫越來越多的時候，身心也越來越累。

在現實生活中，放不下的事情實在太多了。比如做了錯事，說了錯話，受到上司和同事指責，以及好心被誤解受到委屈，於是心裡總有個結解不開，放不下等等。總之，有些人就是這也放不下，那也放不下，想這想那，愁這愁那，心事不斷愁腸百結。這些心理負擔有損於健康和壽命。有的人之所以感覺活得很累，無精打采，未老先衰，這就因為習慣於將一些事情放在心裡放不下來，結果把自己折騰得疲勞而又蒼老。

其實讓人放不下的都是在金錢、愛情、名利這幾個方面。想透了想開了，也會看淡淡，自然也就會放得下了。

一位老師帶著他的學生打開了一個神秘的倉庫，這倉庫裡裝滿了奇光異彩的寶物，也不知存放者是誰。仔細看，每個寶物上都刻著清晰可辨的字，分別是：驕傲、正直、快樂、愛情……這些寶物都是那麼漂亮，那麼迷人，學生見一件愛一件，抓起來就往袋子裡裝。

可是，在回家的路上，他才發現，裝滿寶物的袋子是那麼的沉。沒走多遠，他便感覺到了氣喘吁吁，兩腿沒力，腳步再也無法挪動。

老師說：「孩子，我看還是丟掉一些寶物吧，後面的路還長著呢！」

學生戀戀不捨得在袋子裡翻來翻去，不得不咬咬牙丟掉兩件寶物。但是，寶物還是太多，袋子還是太重，年輕人不得不一次又一次的停下來，一次又一次咬著牙丟掉一兩件寶貝。「痛苦」丟掉了，「驕傲」丟掉了，「煩惱」丟掉了……袋子的重量雖然減輕了不少，但年輕人還是感到它很重，雙腿依然像灌了鉛一樣的重。

孩子，老師又一次的勸說：「你再翻一翻袋子，看看還可以丟掉些什麼。」於是，學生終於把沉重的「名」和「利」丟掉了，只留下「謙虛」、「正直」、「快樂」和「愛情」。一下子，他感到說不出的輕鬆。但是，他們走到離家只有一百公尺的地方，學生感到了前所未有的疲憊，他真的再也走不動了。

孩子，你看還有什麼可以丟掉的，現在離家只有一百公尺了。回到家，等恢復體力還可以回來取。

學生想了想，拿出「愛情」看了又看，戀戀不捨地放在了路邊。他終於走回到家。可是他並沒有想像中的那樣高興，他在想著那個讓他戀戀不捨的「愛情」。老師過來對他說：「愛情雖然可以給你帶來幸福和快樂。但是，它有時也會成為你的負擔。等你恢復了體力還可以把它取回，對嗎？」

第二天，他恢復了體力，按著來時路拿回了「愛情」。他真是高興極了，他歡呼雀躍，他感到了無比的幸福和快樂。這時，老師走過來摸著他的頭，高興的說：

「啊，我的孩子，你終於學會了放棄！」

生活有時會逼迫你，不得不交出權力，不得不放走機遇。放棄，並不意味著失去，因為只有放棄才會有另一種獲得。要想採一束清新的山花，就得放棄城市的舒適；要想做一名登山健兒，就得放棄嬌嫩白淨的膚色；要想穿越沙漠，就得放棄咖啡和可樂；要想有永遠的掌聲，就得放棄眼前的虛榮；船舶放棄安全的港灣，才能在深海中收穫滿船魚蝦。

今天的放棄，是為了明天的得到。做大事業者不會計較一時的得失，他們都知道如何放棄，放棄些什麼。一個人倘若將一生的所得都背負在身，那麼縱使他有一副鋼筋鐵骨，也會被壓倒在地。

昨天的輝煌不能代表今天，更不能代表明天，過去的成就只能讓它過去，只能毫不痛惜地放棄。什麼時候學會放棄，什麼時候便開始了成熟。我們都要學會放棄，放棄失戀帶來的痛楚；放棄屈辱留下的仇恨；放棄心中所有難言的負荷；放棄費精力的爭吵；放棄沒完沒了的解釋；放棄對權力的角逐；放棄對金錢的貪慾；放棄對虛名的爭奪……凡是次要的、枝節的、多餘的該放棄的都應該放棄。

學會放棄還要對已失去的事物有一種，「既然已失去，就讓它失去吧」的心態。有一個收藏家，他酷愛茶壺，收集了無數個茶壺，只要聽說哪裡有好壺，不管路途多遠一定親自前往鑒賞，如果看中意了，而對方願意割愛，花再多錢他也捨得。在他所收集的茶壺中，他最中意的是一只龍頭壺。

有天一個久未見面的好友前來拜訪，於是他拿出這只茶壺泡茶來招待這位朋友。二人開心地暢談著，朋友對這只茶壺所泡出的茶讚不絕口，因此好奇地將它拿起來把玩，結果一不小心將它掉落到地上，茶壺應聲破碎，全場陷入一片寂靜，在場的人都為打碎這巧奪天工的茶壺惋惜不已。

這時這位收藏家站了起來，默默收拾這些碎片，將他交給一旁的家人，然後拿出另一只茶壺繼續泡茶說笑，好像什麼事也沒發生過一樣。事後，有人就問他：「這是你最鍾愛的一只壺，被打破了，難道你不難過，不覺得惋惜嗎？」收藏家說：「事實已經造成，留戀又有何益？不如重新去尋找，也許能找到更好的呢！」

我們每個人都有很多「寶物」，但你不可能什麼都得到，在某些時候一定要學會拿得起，放得下。

拿得起是勇氣，放得下是肚量，拿得起是可貴，放得下是超脫。人生最大的敬佩是拿得起，生命最大的安慰是放得下。

第五章

保持彈性，進退自如

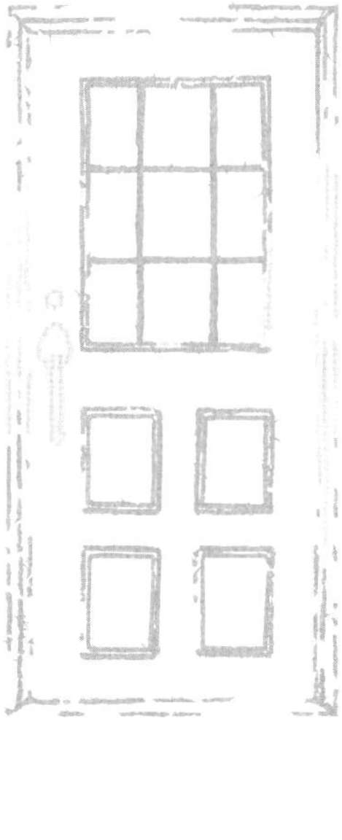

生活中難免有不如意的地方，這時候你不妨把生命彎成一張弓，彎成一張能屈能伸彈性極佳的弓，以平和的心態，堅韌的性格去坦然面對一切，這都是在為你成大事儲備必要的資源。

以蟑螂為例，蟑螂和恐龍是同時期的物種，可是恐龍早已絕跡，而蟑螂存活至今，並且大量繁衍。因為蟑螂在牆縫裡可活、壁櫥裡可活、陰溝裡也可活。作為一個人，若是在最黑暗的時刻、最卑賤的時刻、最痛苦的時刻也能像蟑螂一樣能屈能伸，那麼還有什麼事情不能成就呢？

1 能上還要能下

一位旅行者走的口乾舌燥，好不容易才找到一個水潭，正準備狂飲解渴時，忽然發現水潭的水渾濁不堪，水面蚊蠅滋生，惡臭撲鼻。旅行者感到一陣噁心，準備去找別的水源，於是轉身就走，沒走幾步，就被髒水潭叫住了：「朋友，將就著喝點吧，否則，你會死掉的。」

「我要去找乾淨的水。」「乾淨的水？我旁邊就是乾淨的水潭，你好好看看吧！」話音剛落，旅行者就迫不及待地往髒水潭的旁邊看去，果然，發現旁邊有個又大又深的水潭，可是，它已經完全乾涸了。髒水潭說：「怎麼樣？看清楚了沒有？實話對你說吧，方圓百里內，除了我之外，再也沒有一滴水了。」

旅行者萬般無奈，只好捏著鼻子喝了幾口臭水。他感嘆說：「先乾涸的總是乾淨的水潭，如今只有髒水潭留在人間，不喝又有什麼辦法呢？」

人要生存，要憑藉著很多條件，這些條件既有層次較高的，也有層次低一些的。如果你所依附的條件沒有最好的，不要去強求，有時低一點的條件反而更適合生存。

同樣，在人生的大舞台上，不論是上台，還是下台，如果都能自在，那便是難得的大境界。

生活中從血緣關係繁衍出的爺爺孫子的輩分不能改變，但一個在社會中充當的「爺爺」或「孫子」，也就是當官的也好，當下屬的也好，全是在演戲。不可太認真、太執著，不論自己當什麼都應能根據現實條件冷靜面對，才是明智之舉。

事實上，人生的舞台本就如此，如果你的條件適合當時的需要，當機緣一來，你就上台了。如果你演得好、演得妙，你可以在台上久一點，如果唱走了音，演走了樣，老闆不叫你下台，觀眾也會把你轟下台；或是你演的戲已不合潮流，或是老闆就是要讓新人上台，於是你就下台了。

上台當然自在，可是下台呢？難免神傷，這是人之常情，可是我們認為還是要上台下台都自在。所謂「自在」指的是心情，能放寬心最好，不能放寬心也不能把這種心情流露出來，免得讓人以為你承受不住打擊。你應平心靜氣，做你該做的事，並且想辦法精練你的「演技」，隨時準備再度上台，不管是原來的舞台或別的舞台，只要不放棄，總會有機會的。

另外還有一種情形也很令人難堪，就是由主角變成配角。如果你看看電影、電視的男女主角受到歡迎、崇拜的情況，你就可以瞭解由主角變成配角的那種心情。

就像人一生免不了要上台下台一樣，由主角變成配角也一樣難以避免，下台沒人看到也就罷了，偏偏還要在台上演給別人看。

由主角變成配角也有好幾種情形。第一種是去當別的主角的配角，第二種情形是與配角對調，這兩種情形以第二種最令人難以釋懷。

真正演戲的人可以拒絕當配角，甚至可以從此退出那個圈子，可是在人生的舞台上，要退出並不容易，因為你需要生活。

所以，由主角變成配角的時候不必悲嘆時運不濟，也不必懷疑有人暗中搞鬼，你要做的就是平心靜氣，好好扮演你配角的角色。向別人證明你主角配角都能演，這一點很重要，因為如果你連配角都演不好，那怎麼能讓人相信你還能演主角呢？

如果自暴自棄，到最後就算不下台，也必將淪落到跑龍套的角色，人到如此就很悲哀了。如果能把配角扮演好，一樣會獲得掌聲。

著名藝術家韓美林曾經談起他的煉獄之苦，因為難以忍受饑餓，為了生存，韓美林在眾目睽睽之下吃掉了別人扔掉的、爬滿蒼蠅的五個包子皮。今天的人根本無法想像：在那個年代，韓美林一聽到碗響或「米」字就會本能的流口水，渾身發抖。

經過如此多的煉獄，韓美林挺過來了。他寫說：「二十多年後的今天，這五個包子皮在我身上產生了多大能量？它成就了我多少事業？壯了我多少膽？它讓我成了一條頂天立地的好漢，它煉就了我一身錚錚鐵骨，它讓我悟出了人生最最深邃的活著的真理。我雖然沉入了這無邊的人生苦海，我卻摸到了做人的真諦。」

韓美林曾對學生說：「你們可知道什麼是一條漢子嗎？一個多麼高多麼大的男子漢，就要有多麼高多麼大的支撐架。但這個支撐架全部都是由苦難、辛酸、羞辱、失落、空虛和孤獨組合起來的。你得踢著石頭打著狗，你得忍無可忍的一忍再忍，難捨難分的一捨再捨……」

保持個性固然是正確的，沒有個性便沒有創造力，沒有主見，沒有獨立的人格，也就不會有深邃的思想，但成功者往往能在保持個性的同時，學會適當的順應，否則容易導致「出師未捷身先死」的悲涼。而只有能上能下，方能有效地保存實力，尋找機會，再展宏圖。

人生的機遇是變化多端，難以預料的，起伏是難免的，有的時候逃都逃不過。碰到這種情況，就應該要有「上台下台都自在，主角配角都能演」的心態，這就是面對現實的一種坦然，而且也會為你尋得再度發光的機會。

2 人生應該知所進退

馬嘉魚很漂亮，銀膚燕尾大眼睛，平時生活於深海中，春夏之前溯流產卵，隨著海潮浮到淺水面。漁人捕捉馬嘉魚的方法很簡單：用一張十寸見方、孔目粗疏的竹簾，下端繫上鐵墜，放入水中，由兩艘小艇拖著，攔截魚群。馬嘉魚的個性很強，不愛轉彎，即使觸入網中也不會停止。所以一隻隻前赴後繼鑽入簾孔中，簾孔隨之緊縮。孔越緊，馬嘉魚越被激怒，瞪啟明眸，張開脊鰭，更加拚命往前衝，終於被牢牢卡死，為漁人所獲。

馬嘉魚的悲哀就在於牠不懂生存的進退之道。做人也是如此，面對現實要靈活，千萬不要一根筋，只認一條道路走到底，有時退一步也許是你最明智的選擇。

有這樣一個例子：

文種是勾踐的重臣，為打敗吳國立下了汗馬功勞。他功成名就以後，仍然繼續仕於越王。其間范蠡曾寫給他一封信說：

「飛鳥盡，良弓藏；狡兔死，走狗烹。越王的長相，頸項細長如鶴，嘴唇尖突像烏鴉，這種人可以與他共患難，卻不能同享樂，你現在不離去，更待何時？」

後來文種也稱病返鄉，但做得不如范蠡退隱徹底，他留在越國，其名仍威懾朝野，於是佞臣陷害於他，誣稱文種欲起兵作亂。越王也有「走狗烹」之意，故而以謀反罪將文種殺死。

只知進，不知退，久居高位，遭「文種之禍」者，又何止一人？此等人最大的弱點是心中始終有個小聰明，誤以為還能「收穫名利」。可見，能進也能退，是多麼重要。

說客出身的范睢任秦國宰相，以「遠交近攻」的策略，使秦國軍事力量日益強大，為秦的發展，做出了很大貢獻。

可是到了晚年，他卻出現重大失誤！他推薦的將軍帶領兩萬將士投降了敵人。投降乃是「株連九族」之罪，推薦者也難逃其咎。范睢雖深得秦王信賴而免於一死，但他心中一直忐忑不安。這時他的一位屬吏蔡澤勸慰說：「逸書裡有『成功之下必不久處』之說，你何不趁此時辭去宰相之職呢？這樣你不僅可保伯夷般清廉的名聲，又可享赤松子（傳說中的仙人）般長壽！若還眷戀宰相之位，日後必招致禍害！請您三思。」

范睢聽完大悟，於是請奏辭職並薦蔡澤為相。

其實，無論在哪個領域，多種勢力在接觸與較量的時候，進取固然重要，但在很多情況下，屈與不爭更為必要。也就是說，有時候要忍辱負重，有時候要走為上計，這樣才能保全自己，甚至保全與自己相關的許多人與物。

進取與退避是相互交替和相互轉化的，只退不進自然不會成功。但只進不退也絕非智者所為，進取和退避是矛盾的統一。下面，我們來看看曾國藩的進退手段。

眾所周知，湘軍是曾國藩一手締造的，它與當時清政府的軍隊完全不同。清政府的八旗兵與綠營兵皆由政府編練，遇到戰事，清廷便調遣將領，統兵出征，事畢軍權繳回。湘軍則不然，其士兵皆由各哨官親自選募，哨官則由營官親自選募，而營官都是曾國藩的親朋好友、同學、同鄉、門生等。由此可見，這支湘軍實際上是「兵為將有」，從士兵到營官所有的人都絕對服從於曾國藩一人。這樣一支具有濃烈的封建個人隸屬關係的軍隊，包括清政府在內的任何其他的團體或個人要調遣它，是相當困難，甚至是不可能的！

湘軍成立後，首先把攻擊的矛頭指向太平軍。在曾國藩的指揮下，湘軍依仗洋槍洋炮攻佔了太平天國的部分地區。為了儘快將太平天國的起義鎮壓下去，在清朝正規軍無能為力的情況下，清廷於一八六一年十一月任命曾國藩統帥江蘇、安徽、江西、浙江四省的軍務，這四個省的巡撫（相當於省長）、提督（相當於省軍區司令）以下的文武官員，皆歸曾國藩管理。自從有清以來，漢族人獲得的官僚權力，最多是轄制兩三個省，因此曾國藩是有清以來漢族官僚獲得的最大權力。

對此，曾國藩並沒有洋洋自得，也不敢過於高興。他頭腦非常清醒，時時懷著戒懼之心，居安思危審時韜晦。

後來，太平天國起義被鎮壓下去之後，曾國藩因為作戰有功，被封為毅勇侯。這對曾國藩來說，真可謂功成名就。但是，曾國藩此時並未感到春風得意飄飄然，相反，他卻感到十分惶恐更加謹慎。他在這個時候想得更多的不是如何欣賞自己的成績和名利，而是擔心功高招忌，恐遭狡兔死、走狗烹的厄運。他想起了在中國歷史上曾有許多身居權要的重臣，因為不懂得功成身退而身敗名裂。

他寫信給其弟曾國荃，囑勸其將來遇有機緣，儘快抽身引退，方可「善始善終」。曾國藩叫他弟弟認真回憶一下湘軍攻陷天京後，是如何度過一次次政治危機的。湘軍進了天京城，大肆洗劫，城內金銀財寶，其弟曾國荃搶的最多。左宗棠等人據此曾上奏彈劾曾國藩兄弟吞沒財寶罪，清廷本想追查，但曾國藩很知趣，進城後，怕功高震主樹大招風，急辦了三件事：一是蓋貢院，當年就舉行分試，提拔江南人士；二是建造南京旗兵營房，請北京的閒散旗兵南來駐防，並發給全餉；三是裁撤湘軍四萬人，以示自己並不是在謀取權勢。這三件事一辦，立即緩和了多方面的矛盾，原來準備彈劾他的人都不上奏彈劾了，清廷也只好不再追究。

他又上奏摺給清廷，說湘軍成立和打仗的時間很長了，難免沾染上舊軍隊的惡習，且無昔日之生氣，奏請將自己一手編練的湘軍裁汰遣散。曾國藩想以此來向皇帝和朝廷表示：我曾某人無意擁軍自重，不是個謀私利的野心家，是位忠於清廷的衛士。曾國藩的考慮是很周到的，他在奏摺中雖然請求遣散湘軍，但對他個人的去留問題卻是隻字不提。因為他知道，如果自己在奏摺中說，要求留在朝廷效力，必將有貪權之疑；如果在奏摺中明確請求解職而回歸故里，那麼會產生多方面的猜疑，既有可能給清廷以他不願繼續為朝廷效力盡忠的印象，同時也有可能被許多湘軍將領奉為領袖而招致清廷猜忌。

其實，太平天國被鎮壓下去之後，清廷就準備解決曾國藩的問題。因為他擁有朝廷不能調動的那麼強大的一支軍隊，對清廷是一個潛在危險，清廷的大臣們是不會放過這個問題的。如果完全按照清廷的辦法去解決，不僅湘軍保不住，曾國藩的地位肯定也保不住。

正在朝廷捉摸如何解決這個問題時，曾國藩的主動請求，正中統治者們的下懷，於是下令遣散了大部分湘軍。由於這個問題是曾國藩主動提出來的，因此在對待曾國藩個人時，仍然委任他為清政府的兩江總督之職。這其實也正是曾國藩自己要達到的目的，他的以退為進換來了更多的利益。在中國的歷史上，曾國藩也是最著名的善於運用進退智謀的高手之一。

由此可見，在必要的時候，退一步比進一步更重要，因為你可以重新發現一條生活的出路，也許更容易達到目標。

3 人在屋簷下一定要低頭

孟買佛學院是印度最著名的佛學院之一，這所佛學院之所以著名，除了它建院歷史的久遠，它輝煌的建築和它培養出了許多著名的學者以外，還有一個特點是其他佛學院所沒有的。這是一個極其微小的細節，但是，所有進入過這裡的人，當他再出來的時候，幾乎無一例外地承認，正是這個細節使他們頓悟，正是這個細節讓他們受益無窮。

這是一個很簡單的細節，只是很多人都沒在意：孟買佛學院在它的正門一側，又開了一個小門，這個小門只有一百五十公分高、四十公分寬，一個成年人要想過去必須學會彎腰側身，不然就只能碰壁了。

這正是孟買佛學院給它的學生上的第一堂課。所有新來的人，教師都會引導他到這個小門旁，讓他進出一次，很顯然，所有的人都是彎腰側身進出的，儘管有失禮儀和風度，但是卻達到了目的。教師說，大門當然出入方便，而且能夠讓一個人很體面很有風度地出入。

但是，有許多時候，我們要出入的地方並不都是有著壯觀的大門的，或者，有大門也不是隨便可以出入的，這個時候，只有學會了彎腰和側身的人，只有暫時放下尊貴和體面的人，才能夠出入，否則，有很多時候，你就只能被擋在院牆之外了。

佛學院的教師告訴他們的學生，佛家的哲學就在這個小門裡，人生的哲學也在這個小門裡。人生之路，尤其是通向成功的路上，幾乎是沒有寬闊的大門的，所有的門都是需要彎腰側身才可以進去，社會之門亦然。

相同的道理，在社會中行走，你必須要懂得：人在屋簷下，一定要低頭。所謂的「屋簷」，說明白些，就是別人的勢力範圍，換句話說，只要你受著勢力的控制，那麼你就在別人的屋簷下了。別人能容納你已是不錯了，你就得遵守人家的規矩，就會受到很多有意無意的排斥和限制，以及不知從何而來的壓力，這種情形任何人都會碰到，特別是想做成一番事業的人更會碰到。

所以，在人屋簷下的心態就有必要調整了。只要你已經站在了別人的屋簷下，就一定要厚起臉皮低頭，不用旁人來提醒，也不用撞到屋簷了感覺到疼才低頭。這是一種對客觀環境的理性認知，沒有絲毫勉強，所以根本不要有難為情和拉不下臉的感覺。與生存相比，面子又值多少錢？在生存與面子相矛盾時，還是生存第一！

古人云：「士可殺不可辱。」這是很了不起的英雄氣概，不過，如果英雄氣概用到不對地方，就一文不值。名聲和自尊確實很重要，但在特殊的情況下，你不得不拋棄它們，該低頭時要低頭，以換取自身的安全。

古時候，有一位官員，非常清廉，在百姓中生孚眾望。但是，皇上對他似乎很不滿意，使他感到很困惑。他的一位幕僚提醒他說：「皇上是個疑心很重的人，您的名氣這麼大，他會不會懷疑您有野心呢？」官員吃了一驚。他知道，被皇上懷疑有野心，是非常危險的，於是，他故意收受一些賄賂並讓外人知道，因而招來了外界的批評。沒想到，皇上從此反而對他越來越信任了。

還有一個例子：商紂王經常通宵達旦地飲酒作樂，連日子也弄不清了。一次，他問左右的人今天是幾月幾日？大家都說不知道。紂王打發人去問箕子，沒想到箕子也說不知道。等使者走後，箕子的弟子好奇地問：「老師真的不知道今天是幾月幾日嗎？」箕子嘆了一口氣，說：「做君王的使全國沒有了日月的概念，天下就很危險了。一國的人都不知道月日，只有我一個人知道，我就很危險了！」

商朝滅亡後，箕子「義不食周粟」，可見不是什麼勢利小人，但為什麼當初不給紂王進一點忠言，反而隨波逐流呢？任何一個組織，都有其獨特的價值觀，這種價值觀絕不是一朝一夕形成的，而是經歷了長期的傾軋和鬥爭，一旦定形，已不是某個人能逆轉的。它要麼是具有活力的，將形成一股勢不可擋的力量；要麼是死氣沈沈的，必將糜爛腐敗以至於滅亡。在盛世多的是忠臣良將，因為組織的價值觀歡迎這些人；在末世，多的是亂臣賊子，因為忠臣良將沒有生存的環境。所以，當你處在某個組織中，如果不認同它的價值觀，就離開它；如果沒有什麼地方好去，就只有順從它的價值觀，除此別無他法。

在這個世界上，免不了發生沒有道理的事，也免不了有無理可講的地方。

唐朝武則天專權時，重用來俊臣、周興等酷吏，迫害反對派至使不少大臣遭冤殺。一次，來俊臣以謀反罪名，突然將狄仁傑等人逮捕下獄。來俊臣建議武則天降旨誘供，只要承認謀反就可減刑免死。武則天同意了。

在審訊時，來俊臣宣讀了武則天的詔書。狄仁傑立即跪在地上，口稱「死罪」，並承認自己確實想謀反。他這種不打自招的舉動讓來俊臣感到意外，但根據聖旨，只好免他死罪，聽候發落。

這時，判官王德壽悄悄勸狄仁傑誣告幾個官員以減輕自己的罪過。狄仁傑說：「皇天在上，我沒有幹這樣的事，更與別人無關，怎麼能害人？」說完，一頭向大堂的柱子撞去，頓時鮮血直流，王德壽等人忙把他送到廂房休息。狄仁傑趁無人之際，蘸著身上的血，將冤屈寫在手絹上，然後撕開棉衣裡子，將手絹藏進去。

過不久，王德壽進來看望狄仁傑。狄仁傑脫下棉襖，請他帶出去交給家人洗洗再送來。王德壽不知有詐，如實照辦。狄仁傑的家人拆開棉襖，看見血書，忙拿去向武則天上訴。武則天將狄仁傑叫去問：「你既然有冤，為什麼要承認謀反？」狄仁傑說：「我要是不承認，只怕早死在嚴刑之下了！」

武則天畢竟是個聰明人，知道狄仁傑說的是真的，就把他放了。如果他當初擔心汙損忠臣之名，硬扛到底，不但他自己沒命，還得連累全家遭殃。其實，在一個沒有公理可講的地方，做忠臣也沒什麼意思，那又何必為這虛名白白送死呢？無論是面對何種突發場合，做無謂的犧牲都是得不償失的。正所謂：留得青山在，不怕沒柴燒。

4 主動「示弱」的藝術

生活中充滿了競爭，職場上也不例外。可以說，幾乎每個辦公室裡都有條「齊頭並進」的原則，好像是一份公約，但沒有白紙黑字，可是一旦某個人冒出來，必然「樹大招風」，遭到眾人的非議和刁難！

王小姐大學畢業後，到某公司工作，學中文的她特別受上司器重，加上她精力充沛，工作認真，不論是替上司寫經驗材料，還是見諸報端的小品文，都那樣文采飛揚，語語中的。自己風光，上司對她的工作能力也滿意。

但沒想到麻煩也因此接踵而至。先是有些在公司工作十幾年還原地踏步的同事，開始譏諷她：「妳又來稿費啦。賺這二千元可不容易呀，我說妳今天怎麼眼睛又紅了，昨晚熬夜到幾點啊？」年輕的同事心理也不平衡，看到她拿到榮譽證書，就去上司那裡告她的狀，說工作時間通私人電話用很長時間等等。於是，搞得上司開始找她談話，說工作有點成績不要驕傲，小毛病不注意會犯大錯誤。

王小姐對此自然是非常惱火，複雜的辦公室裡讓她身心疲憊，但她又不願讓心血付之東流。為此，她沒有採取以牙還牙，針鋒相對的辦法，而是採用了較理智的又不失讚美的辦法。

那個告她狀的人字寫得很漂亮，於是王小姐就拿她寫過字的紙做臨摹。那人看見後說：「這些字是我亂寫的」，王小姐說：「那你能給我好好寫一篇嗎？我的字太差了，想拜你為師呢。」那人很不好意思，但是看到王小姐很誠懇，就十分認真地給她寫了一篇漂亮的鋼筆字。她感到了自己有比王小姐強的一面，就不再嫉妒王小姐比他強的一面，關係也就和諧了。

這是一種主動「示弱」的策略。一個人在事業上成功，生活上幸運容易招人嫉妒，這時生氣、吵嘴都沒有用，而示弱則可以減少不滿和嫉妒。如果再針對同事某些專長，加上一些讚美之詞，就會消除別人嫉妒心理，時間久了，也會營造出較適合自己發展的客觀環境來。

此外，故意表現的遲鈍一點，以弱示眾，引起別人的惻隱之心而想伸出援手的處世方法，也是吸引人的因素之一。

頭腦太聰明、個性太精明的人，通常都很難應付。由於腦子整天轉個不停，不論什麼事情都會事先預測好，讓人有鬆懈不得的感覺。同時，一發現別人的缺點，便會立即指出來，即使沒有當場表明，也會讓對方覺得：「這個人不知道有什麼企圖！」警戒之心油然而生。所以，如果讓這種類型的人物登上領導者的寶座，部下恐怕再也沒有好日子可過了。

因為，如果領導者的作風太過敏銳、精明，與其接觸的人都會受到指責，如此一來，部下當然不會輕易將自己的真正想法告訴領導者，並將自發性的活動壓抑下來。如果領導者雖沒有實際採取指責部下缺點的行動，但平常所表現的行為過於敏銳，部下也會自然畏縮，因為他們的內心會認為：「我何必自找麻煩，以致被上司挑毛病。」

由此可知，領導者的表現如果過於敏銳，便成為使部下充分發揮所能的障礙。如果領導者能稍微掩飾自己的鋒芒使部下的能力得以充分發揮，才是一位魅力十足的成功領導者。例如，被稱為「裝有電腦的推土機」的田中角榮，即屬於這類型的人物。由於他兼備極其精密的計畫能力，以及超群絕倫的實行所以才得此稱號。

不過，何以田中角榮只被稱為「電腦推土機」，而沒有被稱為「電腦刮鬍刀呢？」因為推土機的馬力雖然很大，但卻不很敏銳，而田中的表現也略微遲鈍，正好和推土機的性質相同。田中角榮就任日本首相之後，倡導「日本列島改造論」，並加以實行。觀其實踐方式，便使人產生一種他並不是依賴敏銳頭腦，而是依靠踏實的作為進而成功的感覺。

但後來的田中角榮，不再堅持過去那種單純和有些遲鈍的形象，而將內心的敏銳確實顯露於外。據專家研究，田中角榮後來所表現的敏銳作風，多半是由於他依靠財富力量所獲得的強大權力引起的。其實，田中角榮本身仍保有相當濃厚的遲鈍性格色彩。從他牽強地使用強力壓迫有關單位改變洛克西德事件對他的不利裁判，結果反使自己不得不下台的情形，即可充分證實這一點。

大平正芳也是一位因未將內心的敏銳顯露於外而獲得成功的人物。其實，他是個相當聰明且反應靈活的人。由於生性酷愛讀書，當他就任池田首相的秘書官時，不論多麼忙碌，都會抽空逛逛位於神田的書店街，並買幾本中意的書回家品讀。

大平正芳一向以說話速度慢條斯理而聞名，其實這可能是他故意隱藏敏銳的真面目，佯裝成反應遲鈍，而予人安心之感，此乃避免受人攻擊的巧妙方法。

如此看來，遲鈍不光是可以成為點燃下屬智慧的火花，而且還可以隱藏鋒芒，使自己逃脫眾矢，從而成功地保全自己。

了聲：「我知道了。」便繼續與客人會談。

兩天以後，經理把小李叫到了辦公室，怒氣沖沖地質問他為什麼不把那家客戶打來的電報告訴他，以至於耽誤了一大筆交易。莫名其妙的小李本想向經理申辯幾句，表示自己已經向他做了及時的彙報，只是當時他在談話而忘了，但經理連珠炮式的指責簡直使他沒有插話的機會。而且，站在一旁的經理辦公室主任老趙也一個勁地向小李使眼色，暗示他不要申辯。這就更弄得小李糊塗不解了。經理發完火後，便立即叫小李離開。一塊出來的老趙告訴小李，如果你當時與經理申辯，那你就大錯特錯了。聽了老趙的話，小李更是丈二和尚摸不著頭腦，弄不清其中的奧秘。

事情過了一段時間，小李才逐漸明白了其中的道理。原來，這位經理也知道小李已經向他彙報過了，也的確是他自己由於當時談話過於興奮而忘記了此事。但是，他可不能因此而在公司裡丟臉，讓別人知道他瀆職，耽誤了公司的生意，而必須找個替罪羊，以此為自己開脫。所以，經理的發怒與其說是針對小李，還不如說是給全公司聽的。但是，如果小李不明事理，反而據理力爭，這樣不僅不會得到經理的承認，而且很可能因此而被解雇。

那麼，是不是在上司錯怪了自己之後，都不要去申辯呢？切不可簡單地下這樣的結論。如果我們仔細地分析上述例子，便可以發現，經理之所以如此責怪小李，小李之所以不能申辯，是因為事關經理自己本身。假如事情不是這樣，那就另當別論了。

6 好漢要吃眼前虧

獅子建議九隻野狗和牠合作獵食，牠們打了一整天的獵，一共逮捕了十隻羚羊。獅子說：「我們得去找個英明的人來給我們分配這頓美餐。」

一隻野狗說：「每人一隻就很公平。」獅子很生氣，立即把牠打昏在地。其他野狗都嚇壞了，其中一隻野狗鼓足勇氣對獅子說：「不！不！我的兄弟說錯了，如果我們給您九隻羚羊，那您和羚羊加起來就是十隻，而我們加上一隻羚羊也是十隻，這樣我們就都是十隻了。」

獅子聽了滿意的說：「你是怎麼想出這個分配妙法的？」野狗答說：「當您衝向我的兄弟，把牠打昏時，我就立刻增長了一點兒智慧。」

這個故事的啟示是：當你碰到對自己不利的環境時，吃點眼前虧，對你也許不是壞事。也就是我們俗話所說的：「好漢不吃眼前虧。」這是指聰明人能見機行事，避開暫時的不利勢頭，以免吃虧受辱。中國人向來提倡「以忍為上」、「吃虧是福」，這是一種玄妙的處世哲學。常言道：識時務者為俊傑。所謂俊傑，並非專指那些縱橫馳騁如入無人之境，衝鋒陷陣無堅不摧的英雄，還應當包括那些看準時局、能屈能伸的處世者。

我們不妨做這樣一個假設：你和別人開車時相撞，對方的車只是「小傷」，甚至可以說根本不算傷，你不想吃虧，準備和對方理論一番，可是對方車上下來四個彪形大漢，個個橫眉怒目，圍住你索賠，眼看四周荒僻，不可能有人對你伸出援手。請問，你要不要吃「賠錢了事」這個虧呢？

你當然可以不吃，如果你能「說」退他們，或是能「打」退他們，而且自己不受傷！如果你不能說又不能打，那麼看來也只有「賠錢了事」了。因為，眼前虧不吃，換來的可能是一頓拳打腳踢，或是車子被砸壞。報警？人都快被打死了，還報警？報警也不一定來得及啊！由此可見，「好漢要吃眼前虧」的目的是以吃「眼前虧」來換取其他的利益，是為了生存和實現更高遠的目標，如果因為不吃眼前虧而蒙受巨大的損失，甚至把命都丟了，哪還談得上未來和理想？

可是有不少人一碰到眼前虧，會為了所謂的「面子」和「尊嚴」，甚至為了所謂的「正義」與「公理」，而與對方搏鬥，有些人因此而一敗塗地，有些人雖然獲得「慘勝」，卻元氣大傷！

漢朝開國名將韓信是「好漢不吃眼前虧」的最佳典型，鄉里惡少要他爬過他的胯下，不爬就要揍他，韓信二話不說，爬了。如果不爬呢？恐怕一頓拳腳，韓信不死也只剩半條命，哪來日後的統領雄兵，叱吒風雲？他吃眼前虧，為的就是留得青山在，不怕沒柴燒啊！所以，當你在人性的叢林中碰到對你不利的環境時，千萬別逞血氣之勇，也千萬別認為「可殺不可辱」，寧可吃些眼前虧。

現實生活是殘酷的，很多人都會碰到不盡人意的事情。殘酷的現實需要你對人俯首聽命，這樣的時候，你必須面對現實。要知道，敢於碰硬不失為一種壯舉。可是，胳膊擰不過大腿，硬要拿著雞蛋去與石頭鬥狠，只能算做是無謂的犧牲。這樣的時候，就需要用另一種方法來迎接生活。

當然，吃虧也並不是盲目的，還要有技巧。有一個規則是值得在人性叢林裡進出行走時參考的，那就是：遇強示弱，遇弱示強。

「遇強示弱」是指：如果你的競爭對手是個有實力的強者，而且他的實力明顯強於你，那麼你沒有必要為了面子或意氣而與他競爭。因為一旦硬碰硬，固然也有可能打敗對方，但毀了自己的可能性卻很大。因此不妨吃點虧，向對方示弱，以麻痺對手。以強欺弱，勝之不武，大多數的強者是不屑這樣做的。但也有個別的強者有欺負弱者的習慣，因此示弱也有讓對方摸不清你的虛實，降低對方攻擊有效性的作用。一旦他攻擊沒有意思，他便有可能收手，而你便獲得了生存的空間，並反轉兩者態勢，他再也不敢隨便攻擊你。至於有沒有反擊的必要，這就需要你視情況而定，因為反擊時你也會有損傷，這個利害是要加以權衡的，何況還不一定可擊敗對方，生存才是主要目的。

「遇弱示強」就是指：如果你的競爭者的實力比你弱，那麼就要表現你比他強的一面，這並不是為了讓他來順從你，或滿足自己的虛榮心或優越感，而是弱者普遍有一種心態，不甘願一直做弱者。因此他會在周圍尋找對手，好證明他也是一個強者，你若在弱者面前也示弱，正好讓他把你作為目標，徒增不必要的麻煩與損失。示強則可使弱者望而生畏，知難而退。所以，這裡的示強是自衛性的，而不是侵略性的，而侵略也必為你帶來損失，若判斷失誤，碰上一個「遇強示弱」的對手，那你必會栽個大跟頭！

下面，我們來看一個遇強示弱的故事：

西元六一五年，李淵被任命為山西、河東撫慰大使，奉命追討群盜。對於普通的盜寇，如毌端兒、敬盤陀等，都能很快剿滅，毫不費力；但對於北方突厥，因其恃有鐵騎，民眾又善於騎射，卻是大傷腦筋，多次交戰，敗多勝少。突厥兵橫行無忌，李淵對其恨之入骨。

西元六一六年，李淵被詔封為太原留守，突厥竟用數萬兵馬輪番攻擊太原城池，李淵遣部將王康達率千餘人出戰，幾乎全軍覆沒。後來巧用疑兵之計，才勉強嚇跑了突厥兵。更可惡的是，盜寇劉武周突然攻進歸李淵專管的汾陽宮（隋煬帝的離宮之一），掠取宮中婦女，獻給突厥。突厥即封劉武周為定楊可汗。另外，在突厥的支持和庇護下，郭子和、恭舉等紛紛起兵鬧事，李淵被搞得焦頭爛額，隨時都有被隋煬帝以失職為藉口殺頭的危險。

大家都以為李淵懷著刻骨仇恨，定會與突厥決一死戰，不料李淵竟派遣謀士劉文靜出使突厥，向其屈節稱臣，並願把「子女玉帛」都獻送給始畢可汗！

李淵的這種屈節稱臣行為，就連他的兒子都深感恥辱。李世民在當皇帝之後仍耿耿於懷：「突厥強梁，太上皇（即李淵）……稱臣於頡利（指突厥），朕未嘗不痛心疾首！」李淵卻有他自己的盤算，委屈示弱雖然表面上難看一點，但能屈能伸方是大丈夫。

原來李淵分析天下大勢後，已斷然決定起兵反隋。要最終成大氣候，太原雖是一個軍事要塞，但還不是理想的根據地，必須佔居關中，才能謀取天下。進取關中，太原又是李唐大軍萬萬不可丟失的大後方。那麼用什麼辦法才能保住太原，毫無後顧之憂的西進呢？

當時李淵手下兵將不過幾萬之眾，即使全部屯守太原，應付突厥的攻擊，追剿四方盜寇，也是捉襟見肘。而現在要進軍關中，兵少將缺，就更加難以應付。因此，唯一的辦法是採取和親政策，向突厥示弱，使其得到好處。所以李淵不惜屈節稱臣，並親手書寫：「欲大舉義兵遠迎主上，復與貴國和親，如文帝時故例。大汗肯為發兵相應，助我南行，幸勿侵暴百姓。若但欲和親，坐受金帛，亦惟大汗是命。」與突厥議定，共定京師，則土地歸李淵，子女玉帛則統統屬於突厥。

唯利是圖的始畢可汗果然與李淵修好。在李淵最為艱難的從太原進人長安的這段時間，李淵只留下第三子李元吉率少數人馬留守太原，卻從未受到突厥的攻擊，依附突厥的劉武周等也大為收斂，李元吉於是有能力從太原源源不斷的為前線輸送兵馬糧草。等到西元六一九年，劉武周攻克晉陽時，李淵早已在關中建立了唐王朝，而此時李淵已在關中站穩了腳跟，擁有了幅員遼闊的根據地，此時的劉武周再也不是李淵的對手。李淵派李世民出馬，毫不費力的便收復了太原。

另外，由於李淵的示弱，還得到了突厥的不少資助。始畢可汗一路上送給李淵不少馬匹及士兵，李淵也藉機購來大批馬匹，這不僅為李淵擁有一支戰鬥力極強的騎兵奠定了基礎，而且因為漢人素懼突厥英勇善戰，李淵軍中有突厥騎兵，自然平空增加了不少聲勢。

李淵示弱讓步的行為，為很多人所不齒。但在當時的情況下，不失為一種明智的策略，它使弱小的李家既平安地保住後方根據地，又順利地西行打進了關中。如果再把眼光放遠一點看，突厥在後來又不得不向強大的唐朝乞和稱臣，突厥可汗還在李淵的使喚下順從地翩翩起舞呢！

古人說：「小不忍則亂大謀。」堅韌的忍耐精神是一個人個性意志堅定的表現，更是一個為人處世謀略的運用。尤其在官場上難得有事事如意，學會忍耐，婉轉退卻，可以獲得無窮的益處。在人際交往中，如果我們能捨棄某些蠅頭微利，也將有助於塑造良好的自我形象，獲得他人的好感。為自己贏得友誼和影響力。凡事有所失必有所得，若欲取之，必先予之。有識之士不妨謹記之，善用之，必能給自己帶來意想不到的收穫。

7 藏巧是一種智慧

《陰符經》說：「性有巧拙，可以伏藏。」它告訴我們，善於伏藏是制勝的關鍵。若一個人不懂得伏藏，即使他才華超群、智商極高也很難最終取得勝利，甚至還會招來殺身之禍。

伏藏又可分為兩層意思：一是藏拙，這是普通意義上的伏藏，也是最常見的，即藏自己的弱點，不給對方可乘之機；而另一種，也是更高明的「藏巧」。

下面有兩個故事就是「藏巧」的範例。

漢高祖時，呂后採用蕭何之計，誘殺了韓信。當時高祖正帶兵征剿叛軍，聞訊後馬上派使者還朝宣旨，封蕭何為相國，加賜五千戶，再令五百士卒、一名都衛做相國的護衛。

大家都向蕭何祝賀，只有陳平暗地裡對蕭何說：「大禍由現在開始了。皇上在外作戰，您掌管朝政，您沒有冒著箭雨滾石的危險，皇上卻給您增加俸祿和護衛，這並非好事。如今淮陰侯（韓信）謀反被誅，皇上心有餘悸，他也不會對您有多麼放心，所以給您升官加俸以示籠絡。我勸您辭掉封賞，拿出所有家產去輔助作戰，這才能打消皇上的疑慮。」

一語驚醒夢中人，蕭何聽從陳平的勸告，變賣家產犒軍，高祖果然高興，疑慮頓減。

這年秋天，黥布謀反，高祖御駕親征，此間派遣密探數次打聽蕭何的情況。密探回報說：「和上次一樣，相國正鼓勵百姓拿出家產輔助軍隊征戰呢。」

這時有個門客對蕭何說：「您不久就會被滅族了！您身居高位，功勞第一，皇上也沒有什麼可封賞您了。可是自您進入關中，一直得到百姓擁護，如今已有十多年了，皇上數次派人問及您的原因，是害怕您受到關中百姓的擁戴，從而超過他自己。現在您何不多買田地，少撫恤百姓，來自損名聲呢？皇上必定會因此而心安的。」蕭何認為有理，又依此計行事。

高祖得勝回朝，有百姓攔路控告相國。高祖不但沒有生氣，反而高興異常，也沒給蕭何任何處分。

比起蕭何來，王翦更勝一籌。

戰國末期，秦國老將王翦率領六十萬大軍攻打楚國，秦始皇親自為王翦大軍送行，王翦向秦始皇提出了一個要求，請求秦始皇賞賜給他大量土地宅院和園林。

秦始皇不知其意，不以為然的說：「老將軍只管領兵打仗吧，哪裡用得著為貧窮擔憂呢？」

王翦回答說：「當大王的將軍，往往立下了汗馬功勞，卻得不到封侯。所以，趁著大王還寵信我的時候，請大王賞給我良田美宅，好作為我子孫的家產。」秦始皇聽後覺得這點要求不足一提，便一笑了之。

王翦帶領軍隊出發後，心裡還惦記著地產的事，接連幾次派人向秦始皇提出賞賜地產的要求。

王翦手下的將領們見他率兵打仗還念念不忘田宅，覺得非常奇怪，便問他說：「將軍如此三番二次地懇請田宅，做得太過分了吧？」

王翦答說：「不過分，秦王這個人生性好猜疑，不信任人，現在他把秦國的軍隊全部讓我統領，他能放心嗎？我不藉此機會多要求些田宅，為子孫們今後做些打算，難道還要眼看他身居朝廷而懷疑我有二心嗎？」

第二年，王翦率領的軍隊打敗了楚國，俘獲了楚王。秦始皇十分高興，滿足了王翦的請求，賞給他不少良田美宅、園林湖池，將他封為武成侯。

可見，藏巧是一種以退為進的人生謀略，古人稱：「鶴立雞群，可謂超然無侶矣，然進而觀於大海之鵬，則渺然自小，又進而求之九霄之鳳，則巍乎莫及。」山外有山，人外有人，在做學問做官時，只要以「謙」字鋪路，你就會在人際關係上做到遊刃有餘，將來才會對自己、對社會盡到責任，才會有所作為、有所成功。而妄言輕人即使才華橫溢也難以成就大業。

中國古語稱：「美好者，不祥之器。」意思是事物過於完善美好，必定會帶來毀滅的結果。古人曾反覆告誡世人，要防別人嫉妒之心，無論求名求利都不能太完美，這才是立身之本。在這一方面，唐朝的名臣李義琰就是榜樣。

李義琰曾為唐朝宰相，他的住所沒有像樣的房舍，他的弟弟為他買了建房的木料，李義琰知道這件事後，對弟弟說：「讓我擔任國家的宰相，我已經感到非常慚愧，怎麼可以再建造好的房舍，從而加速罪過和禍害的到來呢！」其弟說：「凡是擔任地方丞、尉官職的，尚且擴建住宅房舍，你位居宰相，地位這麼高，怎麼可以住在這樣狹小低下的宅舍中呢？」

李義琰回答說：「人們希望中的事情很難完全實現；兩件事物不可能同時光盛。已經處在顯貴的官位，又要擴展自己的居室宅舍，如果不是有美好的品行，必然遭到禍害。」他最終沒有答應建房。後來，木料也腐朽了，只好扔掉。房子雖然沒蓋成，但謙遜的美德已經養成了，自己的地位也穩固了，這樣的策略當然更高明。

同樣的，曾國藩也懂得這一點，在家中更以簡樸而著稱，妻子和兒媳雖貴處於相府之尊，仍然紡織勞作，這不是模仿李義琰的所為嗎？曾國藩之所以以「謙」為立身之本，還有一層深意，那就是為了提防朝中的政敵借題發揮，使自己在如日中天之時被人抓住把柄，槍打出頭鳥，因小失大。而在這一方面，古代可是有例在先的。

大凡君主和統治者沒有誰希望自己的下屬高明過自己的，而鋒芒畢露之人就不免要為自己的下場負責了。三國時的楊修就是如此。楊修才華橫溢，思維敏捷，有一次，曹操曾建造一園，造成後，曹操去看時，沒有發表任何意見，只揮筆在門上寫了一個大大的「活」字，眾人不解，只有楊修說：門裡添個「活」字，就是「闊」了，丞相嫌這園門太闊了。眾人這才恍然大悟，工匠趕緊翻修。曹操心裡非常高興，但是當他知道是楊修把他的意思「翻譯」出來時，嘴上不說，心裡卻已經開始嫉妒楊修了。

又有一次，塞北送給曹操一盒酥餅，曹操在盒上寫了「一合酥」三字便放在一邊。楊修看見後，竟招呼眾人把這一盒酥分吃了，曹操知道後便問為何這樣，楊修回答說：「你明明寫著一人一口酥，我們怎敢違抗您的命令呢。」曹操心中更加嫉妒楊修了。

後來，劉備攻打漢中，曹操親率四十萬大軍迎戰，於漢水對峙日久，曹軍進退兩難。一日，廚師端來雞湯，曹操正若有所思，見碗底雞肋，心有所感。這時夏侯入帳請教夜間號令，曹操順口說：「雞肋！」於是，「雞肋！雞肋！」的軍令便在軍中傳開了。楊修聽到這個號令後，便命軍士收拾行裝、準備撤退。夏侯聞訊一驚，忙把楊修請到自己帳中詢問，楊修說：「雞肋者，食之無肉，棄之不捨。今進不能勝，退恐人笑，在此無益，來日魏王必班師矣。」夏侯仔細一想，覺得很有道理，也命令軍士打點行裝。曹操聞訊，不由暗嘆楊修的心計，殺楊修之心更甚，於是以擾亂軍心的罪名將楊修斬了。

「槍打出頭鳥」成了中國人世俗的一個法則，也成為了中國文化的一個重要部分。「出頭鳥」本來是一個推動時代前進的角色，卻可悲的成為了「愛出風頭」的犧牲品的代名詞，這是一個社會的悲哀，也是一種文化的悲哀。但以「藏巧」為本，卻是出於對自身修養的自勉要求，也是人不可鋒芒太露的進一步解釋。

8 裝聾作啞的策略

聾啞之人是不會和人起爭鬥的，因為他既聽不到也說不出，別人也不會找這種人鬥，因為鬥了也是白鬥。不過大部分人不聾又不啞，一聽到不順耳的話就要反擊，其實一反擊就中了對方的計，不反擊對方自然就覺得無趣了。如果還一再挑釁，只會凸顯他的好鬥與無理取鬧。因此，面對你的沈默，這種人多半會在幾句話之後就倉皇地且罵且退，離開現場；如果你還裝出一付聽不懂的樣子，並且發出「啊」的聲音，那麼更能讓對方敗走！

某公司有一個女孩子，平日只是默默工作，並不多話．而且和人聊天也總是微微笑著。有一年，公司裡來了一個好鬥的女孩子，很多同事在她主動發起攻擊之下？不是辭職就是請調。最後，矛頭終於指向了那位沈默的女孩子。

有一天，這位好鬥的女孩子抓到了那位一貫沈默的女孩子的把柄，立刻點燃火藥，劈哩叭啦一陣猛轟，誰知那位女孩子只是微微笑著，一句話也沒說，只偶爾問一句：「啊」，最後好鬥的那個主動鳴金收兵，但早已氣的滿臉通紅，一句話也說不出來。過了半年，這位好鬥的女孩子由於樹敵太多，最終也自請他調。

看到這裡，你一定會說，那個沈默的女孩子涵養實在太好了。其實真相並不是這樣，而是那位女孩子天生就聽力不太好，雖然理解別人的話不至於有困難，但總是要慢半拍，而當她仔細聆聽你的話語並思索你話語的意思時，臉上又會出現無辜、茫然的表情。你對她發作那麼久，那麼賣力，她回敬你的卻是這種表情和「啊」的不解聲，難怪要鬥不下去，只好鳴金收兵了。

這個故事說明了沈默力量的偉大。因為面對沈默，所有的語言力量都消失了！

只要有人的地方，就會有鬥爭。這不是新鮮事，在競爭的社會弱肉強食本就是常有的事，和平相處才是怪事哩！因此你要有面對不懷善意的力量的心理準備，你可以不去攻擊對方，但保護自己的防護網一定要有，那就是：與其咄咄逼人，不如裝聾作啞！

在有些時候，裝聾作啞也是化解尷尬的妙招。一位師範大學的學生，在畢業前夕好不容易找到一間相當不錯的國中實習，誰知實習所上的第一堂課，就差點出差，幸虧這位實習生臉皮比較厚，在突然出現的變故面前裝聾作啞，從而擺脫尷尬境地。

這天，實習生剛在黑板上寫了幾個字，學生中突然有人叫起來：「老師的字比我們李老師的字好看多了。」

真是一語驚四座，稚嫩的學生哪能想到：此時後座的班主任李老師是如何的尷尬！對這位實習生來說，第一堂課就碰到這般讓人難堪的場面，的確令人頭疼，以後怎樣和這位班主任共度實習呢，轉過身來謙虛幾句，行嗎？絕對不行！這位實習生靈機一動，臉上看起來若無其事，裝作沒有聽到，繼續寫了幾個字，然後頭也不回的說：「不安安靜靜地看課文，是誰在下面大聲喧嘩。」此語一出，使後座的李老師緊張尷尬的神情，頓時輕鬆多了，尷尬局面也隨之輕鬆消除。

這位實習生的做法就是裝聾作啞，因為他裝作沒聽清楚學生的議論，避實就虛，即避開「稱讚」這一實體，裝作沒有聽清楚，而攻擊「喧鬧」這一虛像。既巧妙地告訴那位班主任「我」根本沒有聽到；又打擊了那位學生的稱讚興致，避免了他誤認為老師沒有聽見的可能，再稱讚幾句從而再次造成尷尬局面。當然，誰不願意聽好聽的話？這位實習生對於自己下苦功練成的字，能夠得到同學們的讚揚，他的心裡肯定像是吃了蜜一般甜，只不過臉上沒有顯露出來罷了。

在有些時候，裝聾作啞還能幫助你脫離險境。明朝的韓永熙在江西做都御史時，有一次，有人來報，說是甯王的弟弟來訪。甯王的弟弟一見到韓永熙，就叫他身邊所有的人全部退下，單獨對韓永熙說：「當今天子無道，甯王準備取而代之！他的軍隊離你這裡不遠，一旦起兵，最先倒楣的就是你了。你如果明智的話，還是儘早歸降了吧。」這時，韓永熙好像有些發愣，過了好久才回過頭來，用手指著自己的耳朵，大聲地問說：「你說什麼？大聲一點！」

甯王的弟弟見他沒聽清楚，只好又重複說了一遍。可是，韓永熙還是不停地搖頭，又大聲地說：「我的耳朵前些日子被雷電震了，實在是聽不清楚你說些什麼話。」甯王弟弟忙問說：「你這是怎麼回事，難道一點也聽不見我說的話了？」「你又在說些什麼呢？」「你這個老滑頭，老王八！」甯王的弟弟不太相信韓永熙是真的聽不見自己說話的聲音，故意用罵人話來激他。可是韓永熙還是一直搖著頭，大聲說：「不行，真的不行，你說的話我一句也聽不到。」

甯王的弟弟沒辦法，心想他既然沒聽到，也就不怕他告密，就轉身走了。韓永熙立即將此事上報了朝廷，朝廷經過調查後發現真有這回事，就將甯王下了大獄。

面對類似這樣來者不善的特殊情況，如果用巧語妙言來直對，就顯得沒有任何意義而且極其危險。裝聾以對，實為高招，這也往往是對付突然降臨的危險時，最方便也最有用的好辦法。當然，裝聾作啞也是要講技巧的，如果沒有掌握得恰到好處，反而會弄巧成拙。一次，一位業務員小李前往拜訪某公司的總經理，在交談了一會兒之後，這位總經理再三地提到IC、IC。IC一般指的是積體電路，然而這家公司和IC並沒有任何關聯。

原來這位總經理說的是「提升公司的形象」，也就是CI，而非IC。然而，小李卻並沒有告訴對方。到後來，這位總經理自己也發現自己說錯了。然後漲紅了臉以難為情的表情看著小李。他心想：「這傢伙明知道我說錯了，卻不告訴我，分明是在取笑我。」其實，小李完全是因為記取了「好的聽眾比好的發言者更重要」的處世箴言，因此才故意裝聾，誰知反而弄巧成拙。

第六章

因時而制，因變而變

世界總是在不斷變化，如果你始終用一成不變的老方法去處理新問題，總有一天會碰壁。學會改變，就是讓我們以俯仰的胸懷，永不停滯的步履，當機立斷的魄力，適時調整自己的視角、心態、性格、行動以及目標，多角度、多方位、多側面地捕捉稍縱即逝的人生機遇，從而跟上生活的步伐，提升自我的精神境界，抵達人生目標。

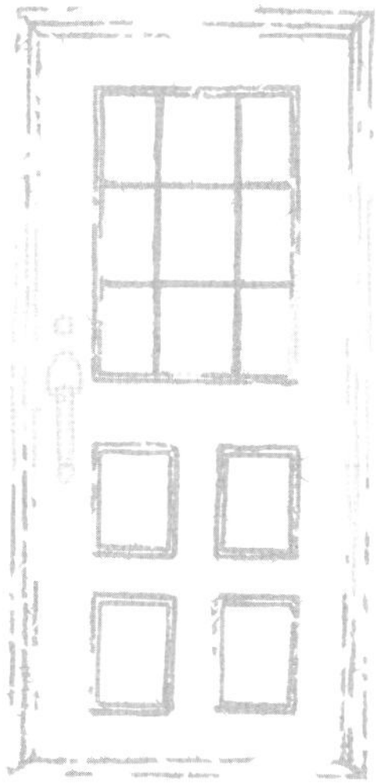

1 唯一不變的就是「變」

古時候有一個人，在家裡熬一鍋湯。熬得差不多了，他想試試鹹淡是否合適，就用一把木勺舀了一勺湯出來嚐。這人喝了一口，覺得很淡，就隨手把裝著剩湯的木勺放到一邊，抓了一把鹽撒到鍋裡。這時，鍋裡的湯已經加上鹽了，而木勺裡的湯還是原來的湯，他也不重新舀上一勺，又拿起原來的那勺湯來嚐。嚐過以後，他奇怪地摸了摸腦袋，又皺了皺眉頭，自言自語的說：「咦，明明加過鹽了，這鍋湯為什麼還是這麼淡呢？」於是這個人又抓了一把鹽放進鍋裡，仍舊還是去嚐勺裡的湯。勺裡的湯自然還是淡的，他就以為鹽還是不夠，於是又往鍋裡拚命加鹽。就這樣，木勺裡的湯始終沒有更換過，他也重複著嚐一口湯、往鍋裡加一把鹽的過程。一罐鹽經他這麼一折騰，已經見了底了，可是他還是撓著頭皮，百思不得其解的想：今天真是活見鬼了，為什麼鹽都快要加完了，鍋裡的湯卻還是鹹不起來呢？

事物在不斷發展，如果你始終用一成不變的老方法去處理新問題，總有一天會碰壁。有些人總是很自負，認為凡是自己預見的就都是正確的，不顧已經變化了的外部環境，就是不肯改變已固有的計畫，依然按自己的預測一股腦兒地走下去，結果必定是一塌糊塗。而成功者不僅善於預測事物的發展方向，而且更善於根據事物的發展變化趨勢，及時更改已有的預見，在大多數人還處在按原有預見操作的時候，他已經先人一步，跳出了可能掉入陷阱的危險圈。

有個年輕人，想法總是和別人不一樣，在別人熱衷於做某種生意的時候，他偏偏選做其他的生意，結果賺的卻比誰都多。

當村裡的人開山賣石頭的時候，這個年輕人卻專挑奇形怪狀的石頭，賣給城裡那些搞園藝或養鳥的商人。三年後，他在村裡第一個蓋起了水泥樓房。

後來，此地不准開山，只許種樹，於是這裡成了一片梨園。秋天漫山遍野的雪梨、鴨梨引來四面八方的客商光臨，因為這裡的土質好，出產的梨果汁濃、果肉脆甜，味道純正無比，頗受人們的喜愛。

正當當地人因種鴨梨、雪梨帶來滾滾財源時，年輕人卻將梨樹賣掉，開始種柳樹。因為他發現，這裡種梨的多，來這裡做生意的客商不愁買不到好的梨，只愁買不到裝梨的筐子。

後來的事實證明他做對了，他種柳樹比種梨花的時間少，而且更賺錢。幾年後他成了當地第一個在城市裡買房子的農民。

後來，一條鐵路從他所在的村子貫穿南北，這裡的交通變得極為方便。於是，當地果農由過去單一的種梨賣果，進而發展為建水果品加工廠及批、零市場，變成以種梨為基礎的多元化生意。

就在大家忙於集資開工廠、辦公司時，這個年輕人卻在他的土地上砌了一面三公尺高、一百多公尺長的牆。

這面牆面朝鐵路，背靠他的翠柳，兩旁及周圍是一片一望無際的梨園，坐火車的人，春天可以欣賞到盛開的梨花，夏、秋可欣賞到漫山遍野的梨子，同時也會突然看到：「可口可樂」四個大字，就憑這面牆的廣告，他每年又比別人多收入四萬元。這個故事可能大家在各種報刊雜誌上都讀到過，老故事之所以還要重提，那是因為它太經典了。

一九二九年，在世界範圍內發生了一場經濟危機，海上運輸業也在劫難逃。當時，加拿大國營鐵路拍賣產業，其中六艘貨船十年前價值二百萬美元，現僅以每艘二萬元的價格拍賣。希臘船王奧納西斯本來決定把資金投入到礦業開發上，因為他和他的同事相信工業革命後對礦原料的需求將會劇增。但獲此資訊後，奧納西斯像鷹發現獵物一樣，立即趕往加拿大談這筆生意。他這一反常態的舉動，令同行們瞠目結舌，不可思議。

在這裡，奧納西斯就是及時更改了預見，而獲得成功的典範。為什麼這樣說呢？這是因為在海上運輸業空前蕭條的情況下，奧納西斯也預見海運業將很難復甦，而礦業開發會隨著工業革命對礦原料的需求，呈現劇增勢頭，這時他要按預見投資於礦業開發。但事物總是發展變化的，原有的預見也會與變化的情況相背離。海上運輸業的新形勢就說明了這一點，面對蕭條，貨輪價格下跌到了慘不忍睹的程度，海上運輸業也已沉入谷底。凡事物極必反，這正是投資中千載難逢的機遇。奧納西斯看到了這一點，足見其超人的智慧，而這正是改變預見帶來的成功。

形勢的發展也驗證了這一點。不出奧納西斯所料，經濟危機過後，海運業的回升和振興居各行業前列。奧納西斯從加拿大買下的那些船隻，一夜之間身價大增，他的資產也成百倍地激增，使他一舉成為海上霸主。

對市場變化反應迅速，把生意做在別人前面。當別人還未得到市場變化資訊，我已看準行情，商品大量傾銷市場，或者已囤積居奇了。

決策的正確與失誤往往決定實現目標的成敗，因此，決策一定要慎重、要科學。有時候，我們的預見是準確的；也有時候，我們的預見是滯後的，我們可能只看到了事物的一面，而未看到另一面。所以，這就要求我們進行全面調查分析的同時，及時更改預見，使之符合客觀實際。

經商做買賣如此，做其他事情也是如此。如果已經發現了不利於自己已經制定計畫的實現條件，或者優於已制定的計畫的條件時，就要善於改變想法和方案，這才是我們最優的處理事物的方法，也是我們經常創造奇蹟的手段。

2 換一個角度思考

我們每個人都希望自己做事能找到一個好的角度下手，從而把事情做得盡善盡美。但是這種好的角度，從何而來呢？當然是從思維而來。按照成功學的原理，不同的思維決定不同的出路，講的就是一個人在做事之前，一定要善於變換角度看問題，這樣可以增加成功的機率。

有兩個基督教徒一起去問牧師在祈禱時能否吸煙。其中一個教徒先上前問：「在祈禱時能否吸煙？」牧師生氣地回答說：「不可以！」這個教徒悶悶不樂地走了。另一個教徒上前問說：「在吸煙時能否做祈禱？」牧師愉快地回答說：「當然可以！」

有時就是這樣，對於一個本質相同的問題，用兩種不同的問法，會得到截然相反的答案。

所以，當我們說話時，不妨選擇一個好的角度。有一個好的角度，就有了成功的一半，但若選擇了一個壞的角度，你就得到了失敗的全部。

《大富翁》遊戲中有一句話，是人在失意時，常用來安慰自己的：人生不如意十有八九。是的，令人煩躁的事情每個人都會遇到，那麼我們應該如何對待這些不愉快呢？就是改變態度。

你不用強迫自己在一年之內要做出什麼樣的成績，也不要強迫自己在幾歲之前賺到多少數目的錢，因為你可能聽說過：山外有山，天外有天。這是一個高人之外有高人、人才輩出的時代。你不一定要做到最好，只要努力了就好。生活當中還有更多有價值的東西，不要在一棵樹上吊死。

「如果有個檸檬，就做檸檬水。」這是一位聰明的教育家的做法，而傻子的做法正好相反。如果他發現生命給他的只是個檸檬，他就會沮喪，自暴自棄的說：「我完了，我的命運真悲慘，連一點發達的機會也沒有，命中注定只有個檸檬。」然後，他就開始詛咒這個世界，一輩子讓自己沉浸在自悲自憐當中，毫無作為。

但是，當聰明的人拿到一個檸檬的時候，他就會說：「從這件不幸的事情中，我可以學到什麼呢？我怎樣才能改變我的命運，把這個檸檬做成一杯檸檬水？」

住在美國加州的一位快樂的農夫叫皮特，當他買下一片農場的時候，他覺得非常沮喪，因為那塊地壞得使他既不能種水果，也不能養豬，能在那片土地上生長的只有白楊樹和響尾蛇。後來，他想了一個好主意，他要把自己所有的東西都變成一種資產，他要利用那些響尾蛇。皮特的想法使每一個人都很吃驚，因為他開始做響尾蛇罐頭。

現在，皮特的生意做得非常大，每年去他的響尾蛇農場參觀的遊客差不多就有兩萬人，從響尾蛇身上取出來的蛇毒，運送到各大藥廠去做蛇毒的血清，響尾蛇皮以很高的價錢賣出去，做女人的皮鞋和皮包。這個村子為了紀念他，現在已改名為加州響尾蛇村。

3 改變要從自己開始

一九三〇年初秋的一天，東方剛剛破曉，一個只有一百四十五公分的矮個子青年，從位於日本東京目黑區神田橋不遠處的公園的長凳上爬了起來，他用公園裡的免費自來水洗了洗臉，然後從容地從這個「家」徒步去上班。在此之前，他因為拖欠了房東七個月的房租已經被迫在公園的長凳上睡了兩個多月了。

他是一家保險公司的推銷員，雖然每天都在勤奮地工作，但收入仍少得可憐，為了省錢，他甚至不吃午餐、不搭電車。

一天，年輕人來到一家名叫「春霖別院」的佛教寺廟，「請問方丈在嗎？」「哪一位啊？」「我是明治保險公司的推銷員。」「請進來吧！」

聽到「請」這個字，年輕人喜出望外，因為在此之前，對方一聽到敲門的是推銷保險的，十個人中有九個會讓來人吃閉門羹，有時即使有人會讓推銷員進門，態度也相當冷淡，更不要說「請」了。

年輕人被帶進廟內，與寺廟住持吉田相對而坐。寒暄之後，他見住持無拒人之意，接下來便口若懸河、滔滔不絕地向這位住持介紹起投保的好處來。

住持耐心地聽他把話講完。之後平靜的說：「聽完你的介紹之後，絲毫引不起我投保的意願。」年輕人愣住了，剛才還信心十足的他彷彿膨脹的氣球突然被人紮了一針，一下子洩了氣。

住持接著又說：「人與人之間，像這樣相對而坐的時候，一定要具備一種強烈吸引對方的魅力，如果你做不到這一點，將來就沒什麼前途可言了。小夥子，先努力改造自己吧……」

從寺廟裡出來，年輕人一路思索著住持的話，若有所悟。

接下來，他組織了專門針對自己的「批評會」，每月舉行一次，每次請五個同事或投了保的客戶吃飯，為此，他甚至不惜把衣物送去典當，目的只為讓他們指出自己的缺點。

「你的個性太急躁了，常常沉不住氣……」「你有些自以為是，往往聽不進別人的意見。這樣很容易招致大家的反感……」「你面對的是形形色色的人，你必須要有豐富的知識，你的常識不夠豐富，所以必須加強進修，以便能很快與客戶尋找到共同的話題，拉近彼此間的距離……」

年輕人把這些可貴的逆耳忠言一一記錄下來。隨時反省、勉勵自己、努力揚長避短、發揮自己的潛能。

每一次「批評會」後，他都有被剝了一層皮的感覺。通過一次次的批評會，他把自己身上的缺點一點一點的剝落了下來。隨著缺點的消除，他感覺到自己在逐漸進步、完善、成長、成熟。

與此同時，他總結出了自己不同的三十九種笑容涵意，並一一列出各種笑容要表達的心情與意義，然後再對著鏡子反覆練習，直到鏡中出現所需要的笑容為止。他甚至每個周日晚上都要跑到日本當時最著名的高僧伊藤道海那裡去學習坐禪。

一次次的「批評」、一次次的坐禪，使這個年輕人開始像一條成長的蠶，隨著時光的流逝悄悄地蛻變著。到了一九三九年他的銷售業績榮膺全日本之最，並從一九四八年起，連續十五年保持全日本銷量第一的好成績。一九六八年，他成為了美國百萬圓桌會議的終身會員。

這個人就是被日本國民譽為：「練出值百萬美金笑容的小個子」、美國著名作家奧格．曼狄諾稱之為：「世界上最偉大的推銷員」的推銷大師原一平。

「我們這一代最偉大的發現是，人類可以經由改變自己而改變生命。」原一平用自己的行動印證了這句話，那就是：有些時候，迫切應該改變的，或許不是環境，而是我們自己。

這話說的頗有道理，我們自己首先沒有改變的意識，怎麼會想到去改變身外的事物呢？

4 敢於打破常規

在一次體育課上，體育老師正在考核一群小學生，看有誰能躍過一百五十公分的橫杆。前面所有學生幾乎都沒有成功，輪到一名十一歲的小男孩，他猶豫半天，一直在想如何才能跳過一百五十公分。但時間不允許了，老師再一次的催促，讓他抓緊時間。

情急之中，他跑向橫杆，在到達橫杆前一剎那，他突然倒轉過身體，面對老師背對橫杆，騰空一躍，竟鬼使神差般的跳過了一百五十公分的高度。他狼狽地跌落在沙坑中，垂頭喪氣的等待批評，旁觀的同學們也都在嘲笑他。

但體育老師若有所思，微笑著扶他起來，沒有批評他反而表揚他有創新的精神，鼓勵他繼續嘗試他的「背越式」跳高，並幫助他進一步完善其中的一些技術問題。這位小學生不負眾望，後來他在一九六八年墨西哥奧運會上，採用「背越式」

的特殊跳法，征服了二百二十四公分的高度，刷新了當時奧運會的跳高紀錄，奪得奧運會跳高金牌，成為赫赫有名的體壇超級明星。他就是美國著名跳高運動員理查·福斯伯。

在方法上打破常規，就是利用人們習慣於常規的辦法做事的特點，以出人意料之外，而合於情理之中的辦法，摘取到成功的果實。這種辦法如運用得好的話，常常能收到事半功倍的效果。

生活中有許許多多成功的機會，我們一定要去把握和創造。有時候，把握機會僅僅需要的是一點打破常規的勇氣。一個好職員，不能唯唯諾諾，當工作不得出路時，應敢於打破常規，尋找新的途徑。有一家大公司的董事長即將退休，他要物色一位才智過人的接班人。經過一段時間的物色和觀察，最後他挑出了兩位人選。

由於他們皆善於騎馬，所以董事長想出了一個用賽馬的方法來選人的辦法。一天，老董事長邀請兩位候選人張先生和李先生到他的馬場。當張先生和李先生來到馬場時，老董事長牽著兩匹同樣的馬走出來，說：「我知道你們都精於騎術，這裡有兩匹同樣的好馬，我要你們比賽一下，勝利的將會成為我的接班人。」

「張先生，我把這匹棕馬交給你；李先生，你騎這匹黑馬。兩個候選人接過馬後，各自打量馬的素質，查看馬鞍等用具，十分的仔細，生怕有什麼疏忽。

李先生心想：「幸好我一向都持續練習，這次董事長之位非我莫屬！」想到這裡，不禁沾沾自喜。

這時，董事長宣布了他的令人大吃一驚的比賽規則：「我要你們從這裡騎馬跑到馬場那一邊，再跑回來。誰的馬慢到，誰就是下一屆的董事長！」

李先生從自己的美夢中醒過來，不能相信自己的耳朵；張先生也以為自己聽錯，呆立著不知如何是好。兩人心理都奇怪的想：「騎馬比賽都是比速度，誰快誰就贏，怎麼會比慢的呢？」

董事長見兩人都張著嘴巴沒說話，以為沒聽清楚：「我再重複一次，這次比賽是比慢，不是比快的。接下來，請各到自己的位置上，我數三下便開始。」

「一、二、三，開始！」

三聲過後，張先生和李先生仍然站在原地，不知該怎樣做。過了好一會兒，張先生突然靈機一動，迅速跳上李先生的黑馬，然後快馬加鞭地向著另一邊跑去，把自己的馬留在後面。

李先生看著張先生的舉動，覺得很奇怪：「張先生怎麼騎了我的馬？」

當李先生想通怎麼一回事時，已經太遲了。他自己的黑馬已經遙遙領先，張先生的棕馬還留在原點，任他怎樣追也追不上自己的馬。結果，李先生的馬最先到達終點，李先生輸了！

「恭喜！恭喜！」董事長高興地對張先生說：「你可以想出有效創新的辦法，這證明你有足夠才智繼承我的位置。」

「我現在宣布，張先生你是公司下一屆的董事長！」

這位老董事長的選人辦法很奇特，本身就帶有新意，如果張、李二位先生按慣例比賽，場面一定很滑稽。因為誰都會裹足不前，這肯定不是老董事長所希望看到的。張先生的成功之處，在於隨機應變，又能利用法則，因為老董事長要求的是「馬」慢到，而不是「人」慢到。張先生善於應變的策略也正是所有在社會中做事，特別是在職場中做事的人，尤其是決策人所必須具備的，只有具備這樣的思維頭腦，才能保證自己的公司或事業立於不敗之地。

5 拋棄舊的枷鎖

西元前三三三年冬天，馬其頓亞歷山大大帝進兵亞細亞。當他到達亞細亞的弗尼吉亞城時，聽說城裡有個著名的預言：

幾百年前，弗尼吉亞的戈迪亞斯王在其牛車上繫了一個複雜的繩結，並宣告誰能解開它，誰就會成為亞細亞王。自此以後，每年都有很多人來看戈迪亞斯打的結。各國的武士和王子都來試解這個結，但總是連繩頭都找不到，他們甚至不知從何處著手。

亞歷山大對這個預言非常感興趣，命人帶他去看這個神秘之結。幸好，這個結尚完好地保存在朱庇特神廟裡。

亞歷山大仔細觀察著這個結，許久許久，始終連繩頭都找不到。

這時，他突然想到：「為什麼不用自己的行動規則來打開這個繩結？」

於是，他拔出劍來，一劍把繩子劈成兩半，這個保留了數百年的難解之結，就這樣輕易地被解開了。

由此可見，立刻行動、心趨向目標、不墨守成規、遵從自己的行動規則和做事的風格，注定會取得理想成績。人生不能一味地按著某種教條度過，人生需要變革，變革才是成功的源泉，創新才是生命前進的動力。

很多時候，束縛我們前進的是那些沉重的枷鎖，一旦我們把它當成了習慣後，就永遠跳不出那個陳舊的框框。

在一家效益不錯的公司裡，總經理叮囑全體員工：「誰也不要走進八樓那個沒掛門牌的房間。」但他沒解釋為什麼，員工都牢牢記住了總經理的叮囑。

一個月後，公司又招聘了一批員工，總經理對新員工又交代了一次上面的叮囑。

「為什麼？」這時有個年輕人小聲嘀咕了一句。

「不為什麼。」總經理滿臉嚴肅地答道。

回到崗位上，年輕人還在不解地思考著總經理的叮囑，其他人便勸他做好自己的工作，別瞎操心，聽總經理的話沒錯，但年輕人卻偏要走進那個房間看看。

他輕輕地叩門，沒有反應，再輕輕一推，虛掩的門開了，只見裡面放著一個紙牌，上面用紅筆寫著：把紙牌送給總經理。

這時，聞知年輕人闖入那個房間的人開始為他擔憂，勸他趕緊把紙牌放回去，大家都會替他保密。但年輕人卻直奔十五樓的總經理辦公室。

當他將那個紙牌交到總經理手中時，總經理宣布了一項驚人的結果，「從現在起，你被任命為銷售部經理。」

「就因為我把這個紙牌拿來給總經裡嗎？」

「沒錯，我已經等了快半年了，相信你能勝任這份工作。」總經理充滿自信的說。果然年輕人把銷售部的工作搞得紅紅火火。

勇於走進某些禁區，你會採摘到豐碩的果實，打破條條框框的束縛，敢為天下先的精神正是開拓者的風貌。

勇敢的個性，在工作上必會有所表現、突破，無論在哪個部門都是別人急於網羅的對象。

如果某人老是待在同一個地方容易守舊，時間久了會喪失創造力，也會成為他人的包袱對象。如果你是只想讓你的人生平平淡淡，你可以維持現狀，但你想出人頭地，就要奮力去爭取每個升遷機會。

可見，舊觀念就是你的牢籠，你要想自由，你就要自己去打破它。

在我們成長的過程中，就是許多的舊觀念，壓制著我們的生存與發展。它們並不可怕，甚至不堪一擊，只是我們不敢去嘗試，自己囚禁了自己。你只有把心靈的枷鎖打開，才能找到自己的空間。

6 不按常理出牌

現實生活中經常會碰到這樣的事：自己被一些無法擺脫的麻煩困擾住了，按常理去解決，就會做出一些不情願的讓步或犧牲，但換個似乎不合常情的辦法去解決，卻意外地得到了名利雙收的效果。

麥克是一家大公司的高階主管，他面臨一個兩難的境地。一方面，他非常喜歡自己的工作，也很喜歡跟隨工作而來的豐厚薪水，他的位置使他的薪水只增不減。但是，另一方面，他非常討厭他的上司，經過多年的忍受，他發覺已經到了忍無可忍的地步了。在經過慎重思考之後，他決定去獵頭公司重新謀一個別家公司高階主管的職位。獵頭公司告訴他，以他的條件，再找一個類似的職位並不費勁。

回到家中，麥克把這一切告訴了他的妻子。他的妻子是一個教師，那天剛好教學生如何重新界定問題，也就是把正在面對的問題換一個角度考慮，把正在面對的問題完全顛倒過來看，這不僅要跟你以往看這問題的角度不同，也要和其他人看這問題的角度不同。她把上課的內容講給了麥克聽，麥克也是高智商的人，他聽了妻子的話後，一個大膽的創意在他腦中浮現了。

第二天，他又來到獵頭公司，這次他是請公司替他的上司找工作。不久，他的上司接到了獵頭公司打來的電話，請他去別的公司高就，儘管他完全不知道這是他的下屬和獵頭公司共同努力的結果，但正好這位上司對於自己現在的工作也厭倦了，所以沒有考慮多久，他就接受了這份新工作。

這件事最美妙的地方，就在於上司接受了新的工作，結果他目前的位置就空出來了。麥克申請了這個位置，於是他就坐上了以前他上司的位置。

這是一個真實的故事。在這個故事中，麥克本意是想替自己找份新工作，以躲開令自己討厭的上司。但他的妻子讓他懂得了如何從不同的角度考慮問題，結果，他不僅仍然做著自己喜歡的工作，而且擺脫了令自己煩惱的上司，還得到了意外的升遷。

類似麥克的煩心事，我們也可能會遇到，在面對問題時，不能只從問題的直觀角度去思考，要不斷發揮自己智慧的潛力，從相反的方面尋找解決問題的辦法，就會使問題出現新的轉折，對我們來說，很可能就是「山窮水盡疑無路，柳暗花明又一村」。

宋朝時的潭州城發生過這樣一件事：有個非常闊綽的財主姓魏，他有一個寶貝兒子。一次他兒子見鄰居的孩子用魚鉤引釣小雞的遊戲非常有趣，便學著小雞的樣子用嘴去叼魚鉤。但一不小心，魚鉤卡在了他的喉嚨裡。這下可急壞了他的家人，大夫們看後均束手無策，一時間魏家慌了手腳。

後來經人介紹，請來一位姓莫的經驗豐富的老人。莫老人叫魏家準備了一個蠶繭、一串佛珠和一些豬油。他先將蠶繭剪下一塊，搓軟並注入了豬油，然後在蠶繭上開了一個小孔，用小孩嘴邊留下的魚鉤線把它穿上，命令小孩張開嘴，將蠶繭塞入小孩口中，緊接著如法炮製，將佛珠依線穿上，令孩子吞下，這樣串緊的佛珠如一條硬棒，直抵喉中的魚鉤，莫老人用力向下一按佛珠，魚鉤便從喉嚨處退了下來，因塗了豬油的蠶繭已將魚鉤緊緊地包住，莫老人便輕輕地順利的將魚鉤從孩子的喉部提了上來，眾人見了，無不驚嘆稱奇。

從喉嚨裡取出魚鉤，一般人都會想到往上提這個想法，但往上提勢必會刺破孩子的咽喉。而莫老人先用蠶繭裹魚鉤，然後向下按，把魚鉤輕輕地從喉部退下，再將它順利地提出來，解決了別人未能解決的問題。

將事物的依存條件倒過來想，也就是我們常說了利用逆向思維的方法思考問題，也可使許多難事可以處理，下面我們看一個發生在島國日本農村的故事，相信對你會有啟示。

島國日本兵庫縣有個小村子，在已經非常富足的日本，還是個非常貧窮的地方。

因為村子土地貧瘠，什麼出產都沒有，加上交通閉塞，既不通鐵路又不通公路，到處是一片荒涼的景象。多少年來，村裡的人都想儘快地擺脫貧困，但誰也沒有致富的法子。

為此，他們從首都東京請來了一位專家，幫助他們來出點子。

專家從北到南，從東到西對全村進行了實地考察，按照要想出售得多，才能換回得多的順著想的思路思考，卻怎麼也想不出一個切實有效的良方來。出售什麼？村裡什麼都沒有，搞旅遊開發吧，又沒有任何景點可供遊人遊覽，有的只是徹頭徹尾，實實在在的窮。窮？對了，何不從它入手，專家靈機一動。於是他向村民提出：你們要想富起來，又沒什麼產品和可利用資源可供出售，那就只有出售你們的貧窮和落後。從現在起，你們就不要再住房子了，要住到樹上去；不要再穿布做的衣服了，要披樹葉穿獸皮，像幾千年前的老祖宗那樣生活。這樣其他地方的人就會來參觀旅遊，你們的日子就會富裕起來。

「太荒唐可笑了！」村民們大惑不解。經專家的一再解釋、說服，大家才勉強同意一試。

後來，經過媒體和記者的報導宣傳，這個小村很快便引來了無數的好奇者，一來二去，村裡真的富了起來。

這位專家的致富思路，聽起來非常離奇，但實際上卻非常簡單，他不過是把致使村子落後的原因：無人關心和無人幫助，倒過來想，將它顛倒過來變成眾人矚目和眾人支援而已。也就是這看似簡單的顛倒，竟然能解決了「村裡真的富了起來」

這個大問題。

任何事物，隨著矛盾的主觀與客觀的制約轉化，也必定會給結果帶來變化，可謂物極必反，「順著」不能化解的矛盾，也許在「倒過來」時，就能迎刃而解了。

國家圖書館出版品預行編目資料

為什麼我們總是不願意面對現實 / 杜風著. -- 初
版. -- 臺北市 : 種籽文化, 2017.07
面 ; 公分
ISBN 978-986-94675-2-0(平裝)

1.成功法 2.生活指導

177.2 106008680

Concept 108
為什麼我們總是不願意面對現實

作者 / 杜風
發行人 / 鍾文宏
編輯 / 陳子文
美編 / 文荳設計
行政 / 陳金枝

出版者 / 種籽文化事業有限公司
出版登記 / 行政院新聞局局版北市業字第1449號
發行部 / 台北市虎林街46巷35號 1 樓
電話 / 02-27685812-3傳真 / 02-27685811
e-mail / seed3@ms47.hinet.net

印刷 / 久裕印刷事業股份有限公司
製版 / 全印排版科技股份有限公司
總經銷 / 知遠文化事業有限公司
住址 / 新北市深坑區北深路 3 段 155 巷 25 號 5 樓
電話 / 02-26648800 傳真 / 02-26640490
網址：http://www.booknews.com.tw(博訊書網)

出版日期 / 2017年07月 初版一刷
郵政劃撥 / 19221780戶名：種籽文化事業有限公司
◎劃撥金額900(含)元以上者，郵資免費。
◎劃撥金額900元以下者，若訂購一本請外加郵資60元；
劃撥二本以上，請外加80元

定價：280元

喬木
書房

喬木書房